HISTOIRE
DU
THÉATRE EN FRANCE
DES ORIGINES AU CID
(1398—1636)

PAR

BENJAMIN PIFTEAU

ET

JULIEN GOUJON

TOME PREMIER

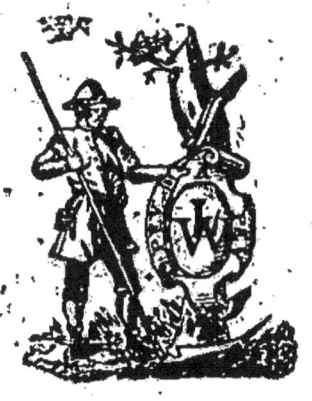

PARIS

LÉON WILLEM, ÉDITEUR

2, rue des Poitevins, 2

1879

HISTOIRE
DU
THÉATRE EN FRANCE

TIRÉ à 500 exemplaires, tous numérotés.

N°

DOLE. — IMPRIMERIE BLUZET-GUINIER.

HISTOIRE

DU

THÉATRE EN FRANCE

DES ORIGINES AU CID

(1398—1636)

PAR

BENJAMIN PIFTEAU

ET

JULIEN GOUJON

TOME PREMIER

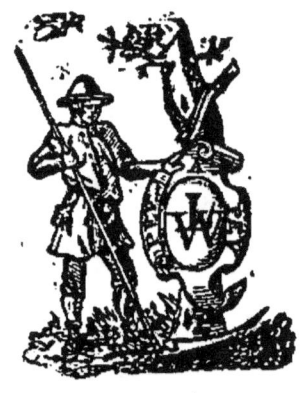

PARIS

LÉON WILLEM, ÉDITEUR

2, rue des Poitevins, 2

1879

HISTOIRE

DU

THÉATRE EN FRANCE

'ENTREPRENDS *d'écrire l'histoire du théâtre en France depuis son origine.*

Au moment où l'hypocrisie cléricale, qui poursuivit Molière jusque dans la tombe, relève plus que jamais la tête et essaie de salir une de nos plus belles gloires, il m'a paru utile de mettre sous les yeux de la génération actuelle tout ce que le théâtre, cette expression la plus populaire de l'enseignement, a fait pour les mœurs et le progrès.

Je n'ignore pas que, sans parler d'une Histoire universelle du théâtre, *par M. Alphonse Royer, il existe des centaines de volumes sur notre théâtre, et que, de plus, nous ayons deux histoires particulières, l'une des frères Parfaict, l'autre de M. Hippolyte Lucas; mais, outre que tout le monde n'a ni le temps de lire, ni le moyen de se procurer les nombreuses études spéciales, d'une part, l'Histoire des frères Parfaict s'arrête en 1721, et, d'autre part, celle de M. Hippolyte Lucas, qui va jusqu'en 1862, ne me paraît pas assez développée, à beaucoup près, laissant presque absolument de côté l'opéra et l'opéra-comique, qui ont pourtant leur histoire et leur influence.*

C'est donc en essayant de me tenir entre l'abondance confuse des frères Parfaict et la sécheresse de M. Hippolyte Lucas, que je me permets de venir à mon tour.

Mon travail sera divisé en huit époques, qui me paraissent tout indiquées. La première ira de l'origine du théâtre en France à la Farce de maistre Pathelin, *qui fut comme un éclair d'Aristophane, retrouvé de génie; la deuxième, de ce chef-d'œuvre à la* Cléopâtre captive, *d'Etienne Jodelle, première pièce originale régulière jouée en France; la troisième, de Jodelle au* Cid, *qui créa notre vrai théâtre moderne; la quatrième, de Corneille à Voltaire, apogée de notre théâtre classique; la cinquième, de Voltaire à Beaumarchais, première décadence; la sixième, du* Mariage de Figaro, *qui commença la transition du théâtre classique au théâtre romantique, à* Hernani, *première victoire du romantisme; la septième, de 1830 à 1860, époque de son épanouissement complet; la huitième, enfin, de 1860 à nos jours, nouvelle et véritable époque de transition qui ne prendra fin qu'on ne sait quand et avec une modification plus ou moins profonde du théâtre actuel, pour arriver à un genre à la fois national et définitif, peut-être en fondant harmonieusement ensemble le drame et la comédie.*

Tel est le plan de la tâche que je me suis donnée. Je ne me dissimule pas combien cette tâche est lourde; mais j'espère en venir à bout, si le public veut bien m'accorder son encouragement.

En attendant, je donne aujourd'hui les trois premières époques, sorte de triple et curieuse préface du livre d'or ouvert par la plume de Corneille.

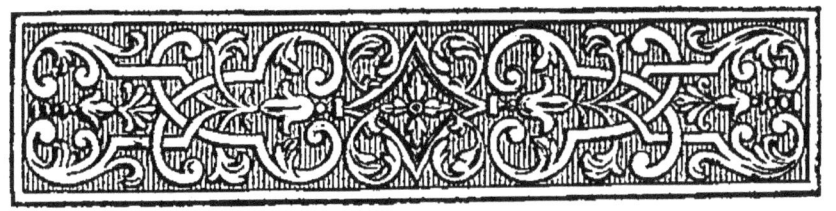

HISTOIRE
DU
THÉATRE EN FRANCE

PREMIÈRE ÉPOQUE
DE L'ORIGINE A MAISTRE PATHELIN
1398-1460

I. — Origine première.

LE théâtre grec, qui est l'aïeul commun du théâtre latin et de tous les divers théâtres modernes de l'Europe, ne se produisit pas tout d'une pièce. Il commença par les essais de Thespis (1), faisant entrer un personnage

(1). Si l'on en croit M. Ernest Renan, le *Cantique des Cantiques* serait une composition scénique, jouée à la cour de Salomon, ce qui re-

particulier dans les fêtes dithyrambiques (le *répondant*) en l'honneur de Bacchus, avant d'arriver aux éloquents chefs-d'œuvre d'Eschyle, de Sophocle, d'Euripide, d'Aristophane et de Ménandre.

Il en fut de même pour tous les autres théâtres et particulièrement chez nous.

Dès les premiers siècles de l'introduction du christianisme en Gaule, notre théâtre naissant, continuant le théâtre romain à sa manière, bégayait, comme ceux de nos voisins, dans les églises, où l'on représentait, après les offices, des compositions en langue latine, retraçant, dans des tableaux vivants et des colloques naïfs, les principaux mystères de la religion nouvelle.

Peu à peu, cependant, ces compositions, en quittant les églises, prirent la forme de pièces dramatiques à plusieurs personnages avec les fêtes populaires, les récits des pèlerins revenant de la Terre-Sainte et les chants des troubadours.

culerait jusqu'à plus de cinq cents ans avant Thespis l'origine du théâtre.

La première de ces pièces qui soit à peu près certaine est, en langue provençale, *l'Heregia dels Pregres (l'Hérésie des Prêtres)*, que Boniface, marquis de Montferrat, fit jouer publiquement dans son château (vers 1200). Cette œuvre, qui visait les persécuteurs des malheureux Albigeois, et qui fait honneur aux sentiments de l'auteur et à ceux de son protecteur, est d'Anselme Faydit, troubadour natif d'Avignon, lequel après des aventures diverses à travers le midi, était venu se réfugier à la cour de Boniface, où il avait été accueilli.

Les frères Parfaict, qui parlent du précédent, donnent ensuite toute une liste d'autres troubadours ayant aussi, soi-disant, fait des compositions dramatiques, parmi lesquels, entre autres, B. de Parasols, né à Sisteron, fils du médecin de la reine Jeanne de Naples, qui aurait mis au jour cinq tragédies contre cette reine (jouées vers 1360), histoire de prouver sa reconnaissance ; mais les *Vies* du chroniqueur provençal, Jean de Nostre-Dame, sont la seule source où nos auteurs aient puisé, et ce témoignage d'un écrivain trop disposé à inventer, pour faire honneur à ses compatriotes de la création du théâtre en France, nous paraît plus que douteux.

Quoi qu'il en soit, nous devons mentionner une composition anglo-normande, anonyme, *le Mystère d'Adam* (1), qui paraît être au moins aussi ancienne que l'*Hérésie des Prêtres*.

Quant au vieux poëte Rutebœuf, l'aïeul direct de Villon, qui mourut vers 1290 et que les frères Parfaict ne nomment que pour mémoire, il écrivit une sorte de drame religieux, le *Miracle de Théophile*, sans compter diverses autres pièces du genre farce. Ce drame, représenté vers 1280 (à Paris, sans doute), a huit personnages et un millier de vers *libres*, parmi lesquels les alexandrins dominent.

Nous pourrions peut-être aussi ranger dans les compositions théâtrales : le *Jeu de Robin et Marion*, sorte de farce villageoise, d'Adam de la Halle, qui contient des parties

(1) Les mystères furent toujours des pièces religieuses.

mises en musique par lui ; ce qui est la première origine de l'opéra-comique ; le *Jeu de Pierre de Brosse*, autre espèce de farce, d'un auteur anonyme ; enfin, le *Jeu dramatique de Saint-Nicolas*, pièce religieuse de Jean Bodel, d'Arras ; toutes productions qui sont de la même époque que la pièce de Rutebœuf (1).

Un siècle environ se passe pendant lequel, sans doute, les représentations se firent de moins en moins rares, et arrivèrent (à Paris ?) : celle du *Mystère de la Passion* (1380), de divers auteurs anonymes (et non d'Arnoud Gréban, qui n'était pas encore né), retouchée dans la dernière moitié du xve siècle et augmentée de moitié par Jehan Michel, pièce que nous analyserons plus loin à sa représentation à Saint-Maur ; puis, celle de l'*Histoire de Griseldis* (1395), aussi d'un auteur inconnu ; enfin, pour nous en tenir là des quarante miracles ou mystères que l'on con-

(1). Nous ne donnons aucun extrait de toutes ces pièces du xiiie siècle, et pour cause : elles ne pourraient être comprises que de ceux qui ont fait des études spéciales sur les origines de notre langue.

naît du XIVᵉ siècle, celle d'un *Mystère de la Résurrection*, déjà composé à cette époque, à en croire les Lettres royales de 1402 (on les lira tout-à-l'heure), et qui, anonyme, fut retouché et refait depuis, dans la deuxième époque, par le même Jehan Michel, dont ce travail de seconde main paraît avoir été la spécialité, faute d'avoir l'imagination créatrice.

A côté de ces premiers essais dramatiques, il y avait aussi la série des représentations diverses données à Paris, à l'entrée de la reine Isabeau de Bavière (10 juin, 1385), où furent jouées, par des jeunes gens, « diverses histoires de l'Ancien Testament. »

Nous allons en dire un mot, d'après Froissard (1).

C'était d'abord, à la première porte Saint-Denis, une construction en bois représentant un ciel étoilé (et orné des armes de France et de Bavière !), dans lequel il y avait une

(1). Ces représentations d'entrées de souverains dont la première remonte à l'entrée de Charles VI (vers 1380), se continuèrent jusqu'à Henri II, qui les fit remplacer par des arcs-de-triomphe.

Notre-Dame, tenant l'enfant Jésus, qui faisait aller un petit moulin tournant dans une grosse noix, et des enfants « appareillés et mis en ordonnance d'anges », qui chantaient « moult mélodieusement et doucement »; puis, au-dessous de l'église de la Trinité, sur un échafaud, un château au bas dûquel « était ordonné le *Pas du roy Salhadin* », c'est-à-dire un combat entre chrétiens et sarrazins, et, à la seconde porte Saint-Denis, un ciel étoilé, comme à la première, ciel d'où descendirent, au moment du passage de la reine, deux anges qui lui posèrent sur la tête une couronne d'or garnie de pierres précieuses, en lui chantant ces vers :

> Dame enclose entre fleurs de lys,
> Royne estes-vous de paradis,
> De France et de tout ce païs.
> Nous en r'allons en paradis.

Enfin, après une chambre « encourtinée » (devant la chapelle de Saint-Jacques), dans laquelle plusieurs hommes « sonnaient des orgues moult doulcement », il y avait, à la porte du Châtelet ceci, qui démontre que les trucs de nos fééries ne sont pas nouveaux :

Un château était établi, avec des créneaux gardés par des hommes d'armes, armés de toutes pièces, tandis qu'au-dessus paraissait un lit de justice, dans lequel « se gisait madame Sainte Anne. » A côté, était plantée une garenne, où l'on voyait « grande foyson de lièvres et de lapins et d'oysillons qui volaient hors et y revolaient. De ce bois et ramée, du côté que les dames vinrent, issit un grand blanc cerf devers ce lict de justice; d'autre part, issit hors du bois et de la ramée, un *lyon et un aigle*, et approchoient fièrement ce cerf et le lict de justice. Lors issirent hors du bois et de la ramée jeunes pucelles, environ douze, très-richement parées en chappelets d'or, tenant espées toutes nuës en leurs mains, et se mirent entre le cerf et l'aigle et le lyon, et monstrèrent qu'à l'espée elles vouloient garder le cerf et le lict de justice, etc. »

II. — *Première scène permanente.* — *Le Mystère de la Passion.*

JUSQUE-LA, il n'y avait eu ni spectacle suivi, ni scène permanente. Les spectacles, religieux ou autres, avaient lieu de loin en loin, à l'occasion de quelque solennité, sur un échafaud dressé *ad hoc* et démoli aussitôt.

Dans le printemps de 1398, des bourgeois de Paris, maîtres artisans, c'est-à-dire maîtres charpentiers, maçons, etc., affiliés à une association religieuse, remontant au XIIe siècle, celle des *Confrères de la Passion*, dont le siège était à l'hôpital de la Trinité, à Paris, eurent l'idée de se former en troupe et d'organiser un théâtre. C'est le petit bourg de Saint-Maur-des-Fossés, près de Paris, qu'ils choisirent pour établir ce théâtre. Ils jouèrent le *Mystère de la Passion*, représenté déjà ailleurs, dès

1380, comme nous avons eu occasion de le dire.

Ce Mystère est en « quatre journées » de chacune six à sept mille vers. Il fallait huit jours pour le jouer, et encore les séances commençaient-elles à huit heures du matin, pour finir à sept heures du soir, avec une « pause pour aller dîner. »

Comme c'est le premier et l'un des principaux Mystères joués de continu sur notre première scène permanente, en un mot, le type des ouvrages de ce genre, sorte d'immense drame cyclique d'une incontestable valeur, qui, avec la *Farce de maistre Pathelin*, remplit tout le xve siècle, nous allons en faire l'analyse, avec des citations, d'après le texte définitif arrêté par Jean Michel (1).

La première journée a 85 personnages, sans compter la « troupe d'âmes des fidèles des limbes » et autres troupes de figuration. Il y a Dieu le père, Jésus-Christ, le Saint-Esprit ; puis, les apôtres, Pilate, ses « tyrans ou satellites, » Brayart, Drillart, Claquedent,

(1). La première édition connue est de 1490.

Griffon; puis, Marthe, sœur de Lazare, l'épouse des noces de Cana; enfin, Lucifer et ses diables, etc., etc. C'est toute une revue du ciel, de la terre et de l'enfer, en passant par le purgatoire.

Précédée d'un « prologue capital », qui est un sermon en quatre points sur *Verbum caro factum est*, cette première journée contient les trente-deux parties suivantes (2):

Sermon de Sainct-Jehan. — Conseil des Juifs. — Sermon de Sainct-Jehan. — Dialogue de Jésus et de Nostre-Dame. — Baptesme de Jésus. — Enfer. — Pilate. — Le conseil des Juifs. — Judas. — Judas et Pilate. — Temptation de Jésus. — Jésus et Notre-Dame. — Sainct-Jehan et Hérode. — Ruben et sa femme. — Evocacion des apôtres. — Judas et sa mère. — Convy de Sainct-Mathieu. — Murmures des Pharisiens. — Conversion de Judas. — Mutation de l'eaüe en vin. — Marchands du Temple. — Jésus et Nicodesme. — Mondanité de Lazare. —

---

(2). Ces parties reviennent à ce que nous nommons maintenant *tableaux*.

Jayrus et sa fille. — La Samaritaine. — Comment Jésus envoya ses apostres prêcher. — Conversion du Lazare. — La veuve et son fils. — Suite de la conversion du Lazare. — Décolacion de Sainct-Jehan. — Les limbes. — L'enfer. — L'enterrement de Sainct-Jehan.

La deuxième journée compte 98 personnages, toujours sans les figurants.

Elle a aussi un prologue, où Jésus apprend à ses apôtres l'exécution de saint Jean-Baptiste, et contient les vingt-cinq parties que voici :

La Chananée et sa fille. — Enfer. — Mondanité de Magdaleine. — Mystère du paralytique. — Sermon de Jésus. — Simon le lépreux. — La transfiguration. — Assemblée des Juifs. — Mondanité de la Magdaleine. — Miracle de la multiplication. — Sermon de Jésus. — Conversion de la Magdaleine. — Prinse des larrons. — Conseil juif. — La femme adultère. — Le convy de Simon le lépreux et la sinderese de Magdaleine. — Dissension de Hérode et Pilate. — L'aveugle-né. — Mort de Lazare. — Ressuscitement du Lazare. — Enfer. — Conseil des Juifs. — Le sourd et muet possédé. — Murmure de Judas. — Jésus sur l'Asne.

La troisième journée a 85 personnages et les dix-sept parties que voici :

L'entrée de Hiérusalem. — Le murmure de Judas. — Jésus et Marthe. — Complaintes de Nostre-Dame. — Figuier. — Interrogacion de Jésus. — Enfer. — Trahison de Judas. — Cesne de Jésus. — Assemblée des tyrans. — Cesne de Jésus. — Trahison de Judas. — Prinse de Jésus. — Fuyte des apostres. — Sainct-Jehan et Nostre-Dame. — Maison d'Anne. — Maison de Caïphe.

La quatrième journée a 106 personnages (1) et les treize parties suivantes :

La sinderese de Judas. — Devant Pilate. — Conseil des Juifs. — Désespérance de Judas. — Devant Hérode. — Lamentation de Nostre-Dame et des mariés. — Devant Pilate. — Les limbes. — L'enfer. — Crucifiement de Jésus. — Suite du crucifie-

---

(1) Il faut dire qu'une grande partie des personnages se répètent d'une journée à l'autre.

ment(1). — Sépulture de Jésus. — Prologue final.

Cette immense composition, œuvre capitale et de valeur, au demeurant, bien que simple paraphrase dialoguée et rimée de l'Evangile, qui se joua quelquefois depuis (dans la deuxième époque), précédée du *Mystère de la Conception et de la Nativité*, et suivie du *Mystère de la Résurrection*, équivalant chacun à une « journée », est écrite en vers de huit syllabes. C'est, dans le détail, un tissu d'anachronismes comme pensées et expressions. Ajoutons que le style en est généralement trivial, quand il n'est pas grossier, mais que, cependant, on y trouve, à la rencontre, nombre de passages curieusement naïfs. Voici, d'ailleurs, quelques extraits qui permettront d'en juger. C'est d'abord ce curieux discours de Madeleine (« Mondanité de la Magdaleine, » troisième partie de la deuxième journée), qui est à sa toilette avec ses deux

(1) Comme on l'a déjà vu dans cette quatrième journée et dans les précédentes, la même partie se trouve divisée et se continue par intervalles.

« damoiselles » Pérusine et Pasiphaé, lesquelles l'applaudissent en tout :

> Je veuil estre toujours jolye,
> Maintenir estat hault et fier,
> Avoir train, suivir compaignye,
> Encore huy meilleur que hyer.
> Je ne quiers que magnifier
> Ma pompe mondaine et ma gloire.
> Tant me veuil au monde fier,
> Qu'il en soit à jamais mémoire.
> J'ai mon château de Magdalon,
> Dont on m'appelle Magdalaine,
> Où le plus souvent nous allon
> Gaudir en toute joye mondaine.
> Et veuil estre de tous biens plaine,
> Tant que au monde n'ait la pareille
> Et passer complaisance humaine
> Tout autre qu'à (qui à) moi s'appareille.

C'est ensuite le passage suivant où Saint-Pierre renie Jésus (« En la maison d'Anne, » seizième partie de la troisième journée) :

SAINCT PIERRE

> Je tremble de peur
> Et j'ay au cueur telle frayeur
> D'estre congneu tel que je suis,
> Qu'il me vault mieulx aviser l'uis
> Et m'en sortir dehors.

HÉDROIT

Il semble
Que cest homme a telle peur qu'il tremble.
Jamais je ne vys homme si simple,
Et croy de vray qu'il est disciple
De Jésus...

SAINCT PIERRE

Ce me serait grande injure,
Par ma conscience, je le jure,
Et par le Dieu de Paradis !
Je ne suis pas tel que tu dis,
Ne je n'en sçay chose quelconques...
Puisqu'il en fault jurer si hault.

Icy sortent sainct Pierre et sainct Jehan dehors et ne s'eslongnent pas de là : le coq chante (1)

Il y a de tout dans cette immense composition, jusqu'à de la satire. Ecoutez ce que dit saint Jean-Baptiste aux gens de justice :

Juges, commis, greffiers,
Vous devez estre les piliers
Soutenant la chose publique.
Ne soutenez débas ne nique

(1), On le voit, ce n'est pas d'aujourd'hui que les jeux de scène s'indiquent dans le texte. Cepen-

> Envers aucuns simples gens;
> Soyez de vos gages contents,
> Sans violence ni rapine.

Maintenant, au tour du duc d'Orléans, qu'on accusait, non sans raison, d'être plus qu'un beau-frère pour la reine Isabeau. C'est saint Jean qui parle à Hérode :

> Je te dis qu'il n'appartient point
> La femme à ton frère tenir
> Tu te veux prince maintenir :
> Tel cas n'est pas fraternité,
> Mais plus que bestialité...
> Or, tu commets un adultère
> Sale et vil encontre ton frère :
> Ne sais qui t'en peux excuser.

Reproches qu'Hérodiade, furieuse, interrompt par ces mots à son royal amant :

> Monseigneur vous estes bien beste
> De tant ouïr ce vieil marmot.

Voici enfin la désespérance de Judas (quatrième tableau de la quatrième et dernière

---

dant, nous devons ajouter que ces indications n'existent guère que dans les mystères, où leur multiplicité les rend indispensables. Les plus curieuses sont celles-ci : « Pause pour aller dîner. »

journée), qui renferme un véritable mouvement dramatique, comme on va le voir.

Brisé par ses remords, en proie au désespoir, Judas invoque tous les démons, et même, par anachronisme, toutes les divinités infernales :

> Lucifer, envoye sans demeure,
> Ton maling adhérant Sathan,
> Et, pour faire la chose seure,
> L'orgueilleux chien Léviathan,
> Belphégor, aussi plein d'envie,
> Cachadamon, etc...
> Les furies, à vous je m'ingère
> Et conferme ma mauvaisetié :
> Thélésiphone, Aletho, Mégère,
> Juge des rigueurs infernales,
> Radamante, Cacus, etc...
> Diables, diables, venez avant !
> Venez aider vostre servant,
> Qui, à haulte voix, vous appelle !

Lucifer fait droit à cette invocation. Il convoque tous les diables pour les envoyer vers Judas; mais, Désespérance promettant de faire à lui seul toute la besogne et ramener le corps et l'âme de Judas en enfer, il lui donne son passe-port en le faisant seulement accompagner de quelques démons pour l'aider en cas de besoin.

« Désespérance vient à Judas, » et, se nommant, lui annonce qu'il faut qu'il soit damné. Judas frémit d'effroi à sa vue et à ses paroles, et lui demande si, par la pénitence et le repentir, il ne peut pas obtenir le pardon de son crime. « Non, lui répond Désespérance; Dieu peut te l'accorder, mais il ne le voudra pas, car tu en es trop indigne. — Et si je priais la Vierge Marie ? — Elle ne t'écouterait pas ; tu l'as trop offensée en trahissant son fils :

Il faut que tu passe le pas !

Tout ce que je peux te permettre, c'est de choisir ton genre de mort. Tiens, choisis :

Vecy dagues, vecy cousteaux,
Forcettes, poinçons, allumelles :
Advise, choisis les plus belles
Et celles de meilleure forge,
Pour te copper à cop la gorge.

(« *Icy prend Désespérance une dague en sa main et la montre à Judas.* »)

Puis, lui montrant un « *cordeau* » :

Ou si tu aymes mieux te pendre,
Vecy lacs et cordes à vendre,

Pour te estrangler tout à cop.
Que attens tu ? tu demeures trop :
Ba le fer tandis qu'il est chault.

Judas essaie encore de sauver sa vie et son âme; mais, voyant qu'il ne peut échapper, il s'abandonne entièrement à Désespérance et se détermine à choisir le second genre de mort.

« Icy monte Judas au hault d'ung arbre feuillu de branches de seur (sureau ou saule?), et Désespérance monte avec lui pour lui aider, et les diables demeurent au bas. »

Avant d'en finir, cependant, le malheureux veut faire son testament et ordonne à tous les diables de venir recevoir sa dernière volonté :

Haro ! mon maistre Lûcifer
Et tous les grands diables d'enfer,
En mon despit trespassement,
Venez passer mon testament
Ainsi que je deviserai.

Et il fait d'effroyables legs, comme peut en faire un désespéré. Enfin, il se pend.

Les diables, accourus pour se saisir de son âme, la cherchent d'abord en vain; mais bientôt « crève Judas par le ventre, et ses tripes saillent dehors, et l'âme sort. »

Elle répand en sortant une foule de malédictions et s'en va en enfer, tandis que Désespérance, qui a fait l'office de bourreau, dépend le corps, que les diables emportent avec des cris de joie.

« Icy fait tempeste en enfer. »

Telle est la « Désespérance de Judas, » mise en scène terrible de la prédestination, si bien faite, hélas ! pour épouvanter et désespérer les esprits croyants de tous les temps et surtout de cette sombre époque où l'on venait à peine de permettre un confesseur aux condamnés, quand il eût fallu, au contraire, pardonner et consoler !

Tels, cependant, devaient se continuer les mystères, à la valeur et à quelques adoucissements de morale près, et tels ils allaient oser se glisser, malgré l'éloignement du public, presque jusqu'en face du *Cid* !

Revenons à la scène établie à Saint-Maur.

Les confrères y donnaient ce spectacle en quatre « journées » depuis un certain nombre de dimanches, avec le plus grand succès, quand, tout à coup, une ordonnance du prévôt de Paris, en date du 3 juin, faisant défense de représenter « aucuns jeux de personnages, des *Vies des Saints* ou autrement, sans le congé du roy, » vint arrêter le cours de leurs représentations. Qu'était-il arrivé ? On ne sait positivement. Les frères Parfaict conjecturent que la troupe se permit de faire payer les places, et que cela dut suffire pour lui faire des ennemis, qui obtinrent l'ordonnance du prévôt. Nous croyons que c'est peut-être une raison ; car, de même qu'aujourd'hui personne n'est friand d'une loge gratis comme les millionnaires, les seigneurs d'alors devaient croire assez payer les comédiens en les honorant de leur présence. Cependant, ce ne doit pas être là tout : il doit exister une autre raison, qui pourrait bien être des allusions malignes à des gens en place ou même tout simplement le mécontentement hypocrite du clergé devant un spectacle religieux faisant du tort aux cérémonies de l'église.

Quoi qu'il en soit, les représentations du *Mystère de la Passion* furent arrêtées court, et cela dura plusieurs années.

*III. — Établissement du premier théâtre
à Paris.*

CEPENDANT, les confrères de la Passion ne perdirent pas l'espoir de faire révoquer la défense obtenue contre eux. Par quel puissant protecteur parvinrent-ils à intéresser Charles VI en leur faveur ? On l'ignore ; mais toujours est-il qu'il voulut juger par lui-même des choses, et que, par sa permission, eut lieu à Paris, à l'hôpital de la Trinité, rue Saint-Denis, où était le siége de la confrérie, comme nous l'avons déjà dit, une représentation à laquelle il assista.

Il fut si satisfait de cette représentation, que non-seulement il leva l'interdiction faite, en son nom, par le prévôt de Paris, mais encore les autorisa à établir définitivement leur théâtre dans ce même hôpital de la Trinité, par ordonnance du 4 décembre 1402.

Nous croyons devoir donner ce document, qui fonda notre premier théâtre; le voici :

« Charles, par la grâce de Dieu, roy de France, sçavoir faisons à tous présens et advenir : Nous avons receu l'humble supplication de nos bien amés et confrères les maistres et gouverneurs de la Confrairie de la Passion et Résurrection Notre-Seigneur, fondée en l'église de la Trinité à Paris, contenant, comme, pour le faict d'aucuns mystères, tant de saincts comme de sainctes et mesmement du *Mystère de la Passion*, que derrainement ont commencé et sont prests pour faire devant nous comme autrefois auroient faict, et lesquels ils n'ont peu bonnement continuer pource que nous n'y avons peu estre lors présens; duquel faict et mystère la dite Confrairie a moult frayé et dispendu du bien et aussi ont les confrères un chacun proportionablement; disans, en outre, que s'ils jouoient publiquement et en commun, que ce serait le proffit d'icelle confrairie, et les droicts et revenus d'icelle estre par nous accreus et augmentés de grans et proffitables privileges. Affin qu'un chacun, par dévocion, se puisse et doibve adjoindre et mettre en leur compaignie, à iceux maistres, gouverneurs et confrères de la Passion Notre-Seigneur, avons donné et octroyé, donnons et octroyons de grâce especiale, pleine puissance et autorité royales, ceste fois pour toutes et à toujours, perpétuellement, par la teneur de ces présentes lettres, autorité, congé et licence, de faire joüer quelque mystère que ce soit, soit de la dite *Passion* et *Résurrection* ou autre quelconque, tant de saincts comme de sainctes qu'ils vouldront eslire et mettre sus, toutes et quantes fois qu'il leur plaira, soit devant nous, devant nostre commun et ailleurs, tant en recors (musique) (1) qu'autrement et d'iceux convoquer, communiquer et assembler en quelque lieu et place licite à ce faire

(1). Ceci indique que les mystères contenaient parfois de la musique ; et, en effet, toutes les scènes qui se passent dans le paradis, et elles ne sont pas rares, étaient accompagnées par des instruments jouant « moult mélodieusement. »

qu'ils pourraient trouver, tant en nostre dite ville de Paris, comme en la presvosté et vicomté ou banlieüe d'icelle, présent à ce trois, deux ou l'un de ceux qu'ils voudront eslire de nos officiers, sans pour ce commettre aucune offense envers nous et justice; et lesquels maistres et gouverneurs et confrères susdits et un chacun d'iceux, durant les jours esquels le dit mystère qu'ils joueront se fera, soit devant nous ou ailleurs, tant en recors comme autrement, ainsi et par la manière que dit est, puissent aller, venir, passer et repasser paisiblement, vestus, habillez et ordonnez un chacun d'eux en tel estat ainsy que le cas le désire et comme il appartient, selon l'ordonnance du dict mystère sans destourbier et empeschement. Et à greigneur information et seureté, nous, iceux confrères, gouverneurs et maistres, de nostre plus abondante grâce, avons mis en nostre protection et sauvegarde durant le cours d'iceux jours, et tout comme ils joüeront seulement, sans pour ce leur méffaire ne à aucun d'iceux à cette occasion, ne autrement que ce soit, au contraire. Si donnons en mandement au prevost de Paris et à tous nos autres justiciers et officiers présens et advenir ou à leurs lieutenans et chacun d'eux, si comme il lui appartiendra, que les dicts maistres, gouverneurs et confrères, et un chacun d'eux, fassent, souffrent et laissent joüyr et user plainement et paisiblement de nostre présente grâce, congé et licence, don et octroy dessus dicts, sans les molester, faire ni souffrir empescher, ores ni pour le temps à venir; comment que ce soit chose ferme et estable à tous jours, nous avons faict mestre nostre cel à ces lettres sauf en autre chose nostre droict et l'autruy en toutes. Ce fut faict et donné à Paris, en nostre Hostel lez Saint-Paul, au mois de décembre, l'an de grâce MCCCCII.

« Et sur le reply est escrit : Par le Roy, Messires Jacques de Bourbon l'admiral, le Bègue de Vieulaines et plusieurs autres présens. — Signé : Moignon. — Et appert avoir esté scellées en lacs de soye et cire vertes.

« Et, au dos des dictes lettres, est escrit ce qui s'ensuit : Le lundi XIIe jour de mars

MCCCCII (1), Jehan Dupin, Guillaume de Doisemont, maistres de la confrairie, nommés en blanc, présentèrent ces lettres à M. Robet de Buiselier, lieutenant de monsieur le prevost, lequel, veües icelles lettres, octroye que les dicts maistres, leurs confrères et autres, se puissent assembler pour le faict de la confrairie et le faict des jeux, selon ce que le roy nostre sire le veut par icelles lettres. Et, pour estre présens avec eux en ceste présente année, commet Jehan le Pu, sergent de la Douzaine, Jehan de Saucerel, sergent à verges, l'un deux ou le premier sergent de la Douzaine ou à verges du dict Chastelet. — Et au-dessous est escrit : *Ita est.* — Signé : Leginant.

« Tiré d'un vidimus d'Antoine du Prat, chevalier, baron de Thiers et de Viteaux, seigneur de Nantouillet et de Précy, etc., garde de la prévosté de Paris, du 20 décembre MDLIV. »

La salle de l'Hôpital de la Trinité dans laquelle les *Confrères de la Passion* s'installèrent

(1). L'année ne commençait alors qu'à Pâques : voilà pourquoi le 2 mars est encore de 1402.

définitivement, en vertu de l'ordonnance qu'on vient de lire, avait 42 mètres de longueur sur 12 de large. Voici comment ils la disposèrent :

« Ce théâtre, disent les frères Parfaict, était, sur le devant, de la même forme que ceux d'aujourd'hui ; mais le fond était différent : plusieurs échaffauts qu'on nommait *établies* le remplissaient. Le plus élevé représentait le paradis ; celui de dessous, l'endroit le plus éloigné où la scène se passait ; le troisième, en descendant, le palais d'Hérode, la maison de Pilate, etc. ; ainsi des autres jusqu'au dernier, suivant le mystère qu'ils représentaient (1).

« Sur les côtés de ce même théâtre, étaient des espèces de gradins en forme de chaises, sur lesquels les acteurs s'asseioient lorsqu'ils avaient joué leur scène et qu'ils

---

(1). Comme nous le ferons remarquer au dernier chapitre de cette époque *(Mise en scène, organisation et administration)*, les frères Parfaict se trompent. Cette distribution des divers lieux où se passait l'action était en juxtaposition et non en élévation, sauf pour le paradis et l'enfer.

attendoient leur tour à parler, et jamais ils ne disparaissoient aux yeux des spectateurs qu'ils n'eussent achevé leurs rôles. Ils étoient censez absens lorsqu'ils étoient assis.

« A l'endroit où l'on place à présent une trappe pour descendre sous le théâtre, l'enfer était représenté par la gueule d'un dragon, qui s'ouvroit et se fermoit lorsque les diables en sortoient ou y entroient.

« Une espèce de niche, avec des rideaux devant, formoit une chambre, et cette chambre servoit à cacher aux spectateurs certains détails qu'on ne pouvoit leur présenter, tels que l'accouchement de sainte Anne, de la Vierge, etc. »

Ainsi installés, *les Confrères de la Passion* eurent bientôt un tel succès, que le clergé se trouva obligé d'avancer les vêpres de deux heures, pour que l'église ne continuât pas d'être déserte pendant que le théâtre était plein, et que, bientôt, il s'éleva des théâtres semblables dans diverses villes, notamment à Rouen, à Angers, au Mans et à Metz.

Quant aux mystères que joua le théâtre de la Trinité, sans compter le capital, le *Mys-*

tère de la Passion, dont nous avons donné l'analyse, en voici les principaux, dans l'ordre chronologique :

Le Mystère de Griseldis, marquise de Saluces (représenté ailleurs dès 1395) ;

Le Mystère de la Conception ;

Le Mystère de la Résurrection ;

Le Mystère de Sainte-Catherine (1434) ;

Le Mystère du siége d'Orléans (1435), dont le manuscrit a été récemment découvert à la bibliothèque du Vatican ;

Le Mystère de la vengeance Nostre-Seigneur (1437) ;

Le Mystère de la sainte Hostie (1444) ;

Le triumphant Mystère des Actes des Apôtres, en 80,000 vers, des frères Arnoul et Simon Gréban (1450) ;

Le Mystère de la destruction de Troyes, de Jacques Millet (1459).

IV. — Les Clercs de la Basoche.

EN même temps qu'il faisait naître des théâtres dans diverses grandes villes de province, le succès des *Confrères de la Passion* fit sortir de l'ombre deux troupes théâtrales, que le besoin de l'esprit public de quitter les mystères de la religion pour des sujets plus humains, avait fait naître à côté et qui, donnant la même régularité à la succession de leurs représentations, ne tardèrent pas à faire concurrence au théâtre de la Trinité et à le dépasser en succès.

La première de ces troupes, dont devait être, cent ans plus tard, Clément Marot, est celle des *Clercs de la Basoche,* composée de clercs du Parlement organisés en association par Philippe IV, en 1302, avec un chef, portant le titre de roi, qu'ils gardèrent jusqu'à Henri III : elle donnait de loin en loin (trois ou quatre fois par an) des représentations de *moralités* (piéces allégoriques, entre le *Mystère* et la *sotie*) et de *farces* (comédies facétieuses).

Régularisant ces représentations dans ses locaux ordinaires, c'est-à-dire tantôt au Palais, tantôt au Châtelet, tantôt dans des maisons particulières, en attendant que Louis XII lui permît de s'installer définitivement sur la table de marbre de la grand'salle du Palais, cette troupe continua d'abord les deux genres qu'elle avait créés; puis, elle y joignit bientôt un troisième, les *Soties,* genre des *Enfants Sans-Souci,* quand le chef de ces derniers, *le prince des sots,* le leur eût permis, en adjoignant, de son côté, leur répertoire au sien.

Les principales pièces que jouèrent, dans cette première époque, les *Clercs de la Basoche* furent celles-ci, dont les auteurs sont restés inconnus :

Le Mystère du bien advisé et du mal advisé, moralité en huit parties;

La Farce du pâté et de la tarte (1424) ;

La Farce de Mestier et Marchandise (1440);

La Farce de Marchebeau, la Farce de Pou d'acquest, la Bergerie de mieulx que devant, pièces politiques (ces trois dernières après 1450).

Nous donnerons d'abord un extrait de la *Farce du pâté et de la tarte,* un des embryons de comédie du temps.

C'est la mise en scène d'une tromperie un peu naïve et dénuée d'artifices. Le pâtissier vient de partir, recommandant à sa femme de ne donner un pâté désigné qu'à quiconque lui prendra le doigt. Deux « coquins, » qui rôdaient, des précurseurs des compagnons de Villon, c'est-à-dire des faiseurs de « repues franches, » ayant entendu le mot, veulent en profiter. Un d'eux s'avance, comme s'il venait de la part du mari, et voici une partie de la scène entre lui et la femme du pâtissier et de celle qui la suit, entre les deux filous :

LA FEMME.

Mon amy,
A quelle enseigne ?

LE SECOND.

Il m'a dit
Que vous preigne, sans contredit,
Pour bonne enseigne, par le doigt.
Ça ! vo (votre) main !

LA FEMME.

    C'est ainsi qu'on doit
Bailler l'enseigne. Or, portez-luy.
Tenez-le.

LE SECOND.

   Par le bon jourd'huy !
Porter le voys sans point doubter.
Maintenant me puys-je vanter
Que je suis ung maistre parfaict.
Je l'ay, je l'ay ! il en est faict.
Regarde-cy !

LE PREMIER.

  Es-tu fourny ?

LE SECOND.

  Si je le suis ? Ouy, ouy !
Qu'en dis-tu ?

LE PREMIER.

    Tu es un droict maistre.
Voici assez pour nous repaistre,
Quand nous serions encore trois.

Le véritable envoyé du mari vient, à son tour, et, naturellement, c'est lui qui est pris pour un filou, et, en fait de pâté, il n'a que des coups. Morale du temps, plus réjouissante qu'orthodoxe.

Voici maintenant deux des pièces politiques, qui sont, l'une et l'autre, de la fin du règne de Charles VII et qui témoignent que déjà le peuple éprouvait le besoin de voir s'imposer à la scène, où elles étaient en pleine lumière, ses misères et ses aspirations, qui avaient produit les revendications avortées des *Pastureaux* et de *La Jacquerie*. C'était, à la fois, pour lui une consolation et une vengeance en attendant mieux, c'est-à-dire une revendication victorieuse et définitive, qu'il devait encore attendre plus de trois siècles.

D'abord, à la *Farce de Mestier et Marchandise.* Elle a cinq personnages : Mestier, Marchandise, le Berger, le Temps et les Gens. Les trois premiers gémissent tour à tour, se plaignant du Temps qui court. Celui-ci paraît, en costume de diverses couleurs, et demande ce qu'on veut de lui : qu'il change, lui répond-on. Il obéit et revient successivement en rouge, puis armé en guerre, puis tout « brouillé, » métamorphoses qui ne font que mécontenter de plus en plus les plaignants. Impatienté, le Temps dit que ce n'est pas à lui qu'il faut s'en prendre s'il est ainsi « brouillé, » mais aux Gens. Alors, il fait venir ce personnage, qui est aussi singulier au moral qu'au physique : pour figure, il a un masque derriere la tête, il marche à reculons et parle un langage inintelligible. Nous croyons reconnaître dans cette image la fausseté de la noblesse, qui ne savait encore trop si elle devait continuer à combattre pour Charles VII ou soutenir les Anglais, dans le doute du dénoûment final, et qui devait même être assez peu patriote pour faire la Praguerie et se révolter contre le reconstructeur du territoire français. La pièce se termine par l'espérance que Dieu et le roi y pourvoiront, espérance qui devait heureusement se réaliser par l'achèvement de l'œuvre de Jeanne d'Arc, sous l'autorité de Charles VII, finalement victorieux au dedans et au dehors. Voici le passage de la fin qui exprime cette espérance :

LE TEMPS.

Pour ce, retenés sur ce pas
Tous trois, et ne l'oubliés pas,
Que trop plus vite que le pas
Serés de vos maulx abrégés.

Mestier ne sera plus en bas
Et bergers vivront sans débas
Quant les gens seront changés.

La *Bergerie de Mieulx que devant* est aussi une longue plainte. *Plat pays*, qui personnifie le peuple des champs, raconte douloureusement à *Peuple pensif*, qui représente le peuple des villes, comment les gens d'armes l'ont pillé, lui emportant son « fléau à battre », « le lard de sa cheminée » et jusqu'à ses vieilles chaussures, en le battant « comme beau plastre » par-dessus le marché. C'est un tableau navrant. Et il va venir d'autres gens d'armes ! A ce moment, paraît en chantant *Mieulx que devant*. Il annonce qu'il va faire baisser les tailles et les impôts. Il termine en conseillant aux malheureux villageois de fermer désormais la porte aux gens d'armes. Ce conseil, donné aussi à cette époque au peuple par Charles VII, qui l'autorisait à les recevoir « à coups de fourche », était assez difficile à suivre, même pour ceux à qui il restait encore une fourche : comment, en effet, résister à une troupe armée, qui avait le nombre et la force ? Quoi qu'il en soit, cette pièce, comme l'autre, révèle l'idée de résistance qui n'avait cessée d'être dans le peuple depuis les premières révoltes.

Le succès des Basochiens fut grand avec ses farces et moralités, d'autant plus grand que le genre était nouveau pour le public et faisait diversion avec les mystères, et que nos comédiens, dans d'autres compositions qui ne nous sont pas parvenues, frondaient, sans doute, encore plus ouvertement que dans celles qui sont ici indiquées ou analysées certains abus et certains personnages plus ou moins politiques; mais, justement, pour cette dernière raison, ils ne tardèrent pas à appeler sur eux les foudres du Parlement. Ce fut d'abord une ordonnance tendant à réprimer leurs licences satiriques (1); puis, cette ordonnance n'ayant pas été écoutée par eux, vint un arrêt du 14 août 1442, les condamnant au pain et à l'eau, à seule fin de les faire réfléchir, sans doute.

(1). On voit que la censure est née presque en même temps que le théâtre. Vivra-t-elle autant que lui? Espérons que non, et que le jour n'est pas loin où le bon sens public en tiendra seul lieu.

Nous verrons, dans la deuxième époque, s'ils avaient réfléchi et s'ils furent mieux traités.

En attendant, et avant de quitter nos *Clercs de la Basoche,* dont le chef avait le titre de roi et portait, comme signe distinctif une toque royale, c'est-à-dire une couronne, une observation.

C'est, croyons-nous, de leur premier genre (la farce), créé probablement par Rutebœuf, qui, comme nous l'avons vu, composa, en outre du *Miracle de Théophile,* diverses autres compositions, sortes de farces, évidemment faites pour être jouées (le *Ditz de l'Erberie,* la *Desputezons dou croisié et dou Descroisié,* la *Desputezons de Charlot et dou Barbier*), que l'on vit naître, vers 1460, ce chef-d'œuvre qu'on appelle la *Farce de Maistre Pathelin,* dont nous allons parler tout à l'heure en ouvrant la deuxième époque.

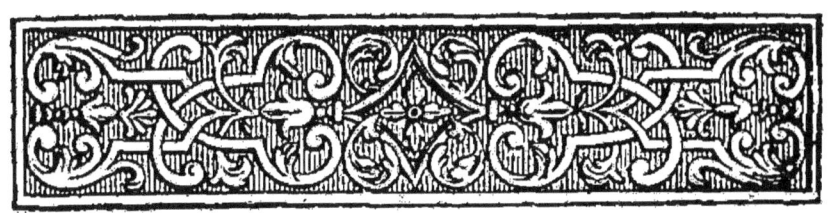

V. — Les Enfants Sans-Souci.

La seconde troupe qui devint la rivale des *Confrères de la Passion*, est celle des *Enfants Sans-Souci*, qui, composée d'étudiants et de jeunes gens instruits, datait du commencement du règne de Charles VI, et donnait aussi de loin en loin des représentations de *soties* (farces ou satires dramatiques).

Elle continua d'abord ce genre, sous la direction de son chef électif, le *prince des sots*, qui portait, comme signes distinctifs, un bonnet de fou, à grelots, et une marotte; puis, elle joua en même temps des *farces* et des *moralités*, par un échange de bons procédés avec les *Clercs de la Basoche*, comme nous l'avons dit.

Charles VI lui permit, par privilége, de

s'installer sous les piliers des Halles; mais, bientôt, en vertu d'un accord intervenu avec les *Confrères de la Passion,* elle alterna avec eux sur le théâtre de la Trinité (c'est-à-dire y joua de deux dimanches l'un), où son répertoire fut appelé plaisamment, par le peuple : *Jeux de pois pilés.*

Des nombreuses pièces qu'ils durent donner, il n'en reste aucune qui leur soit personnelle, sotie, farce ou moralité, ni de cette époque, ni même de tout le XVe siècle.

Relativement à leurs acteurs, nous dirons que le Michault Dufour, dont parle Villon,

> Qui à la fois dict de bons mots
> Et chante bien : *Ma doulce amour!*

et qui, paraît-il, mêlait du chant à son jeu, était leur *prince des sots,* au moment où fut écrit le *Grand Testament* (1461), c'est-à-dire à la fin de notre première époque.

VI. — La Danse Macabre.

Un des plus saisissants et des plus terribles spectacles vit aussi le jour dans le cours de cette première époque. Aucune histoire du théâtre n'en fait mention et nous sommes obligé de l'aller chercher dans les chroniques du temps; mais nous pensons que notre travail serait incomplet s'il ne lui donnait pas place ici.

Nous voulons parler de cette sorte de lugubre mimodrame appelé la *Danse macabre*, où tourbillonnaient tour à tour, dans une danse sans nom, entraînés par la Mort, représentée horriblement vraie par le bohémien Macabre, auteur, acteur et directeur, homme maigre et décharné, sorte de squelette : et le vilain, et le bourgeois, et le prêtre, et le noble, et le roi, et le cardinal, et le pape, et la jeune fille rieuse, et la vieille reine orgueilleuse ! Pendant cinq mois (d'août 1424 au carême de 1425), sur des tombes pleines, dans le Charnier des Innocents, lieu qui en augmentait encore l'épouvantement, la population de Paris se rua à cet affreux cauchemar, comme attirée par son horreur même.

On eût dit qu'accablé sous tous les désespoirs et sous tous les fléaux, le peuple recherchât avec une amère consolation le spectacle du seul refuge qui lui restât, la mort !

Il semblait, enfin, qu'on sentit la nation s'abîmer dans la nuit éternelle. Patience ! espoir ! bientôt, à la voix d'une héroïque fille du peuple, la France va sortir de son linceul et retrouver son ciel bleu avec son étoile qui la guide à la tête de l'humanité !

VII. — Auteurs et Acteurs.

DANS cette première époque, il est peu d'auteurs que nous puissions nommer; d'abord parce que les auteurs dramatiques ne faisaient guère que de naître; ensuite, parce que, pour une raison ou pour une autre, la plupart sont restés inconnus.

En les récapitulant depuis la première origine, nous en trouvons tout juste sept connus dont l'existence et les œuvres soient incontestables, sans compter Jehan Michel, qui vivait en 1455, époque où il fit jouer à Angers le *Mystère de la Résurrection*, revu et augmenté par lui : Anselme Faydit (1200); Jean Bodel, d'Arras, qui suivit Louis IX en Palestine; Adam de la Halle, d'Arras, mort à Naples, à la cour de Robert II, vers 1286;

Rutebœuf, mort vers 1290; Jacques Millet, de Paris, qui écrivait vers 1450; Arnould Gréban, de Compiègne, chanoine du Mans, en 1450; Simon Gréban, moine de Saint-Ricquier, qui composa, avec le précédent, son frère, le *Triomphant Mystère des Actes des Apôtres*, en 80,000 vers.

Ajoutons ici, à propos des auteurs, un calcul curieux :

Au XVe siècle, on en compte 11; au XVIe, 150; au XVIIe, 341; au XVIIIe, environ 700; et au XIXe, il y en a déjà plus de 1,500.

Ainsi, de siècle en siècle, depuis le XVIe, qui fut le vrai commencement du théâtre, le nombre augmente en proportion arithmétique; mais combien en reste-t-il pour la postérité ?

Quant aux acteurs, nous ne connaissons guère que les créateurs du Théâtre de Saint-Maur, nommés dans les Lettres patentes de Charles VI, de décembre 1402, c'est-à-dire Jehan Dupin et Guillaume de Doisemont, maîtres artisans de Paris, affiliés à une ancienne confrérie religieuse, dite les *Con-*

frères de la Passion, dont ils étaient alors
« maistres. »

Il y eut cependant aussi Jehan Mathieu, qui joua dans le *Mystère de la Vengeance N. S.* et dans le *Mystère Sainte-Catherine*, et Jehan Didier, dans ce dernier mystère.

Il y eut aussi, en 1313, un nommé Renard; puis, sous Charles VI, Gilet, Vilain et Jacquemart-Lefebvre, entretenus par le duc d'Orléans.

Nommons encore Michault Dufour, prince des sots (des *Enfants Sans-Souci*) en 1460, d'après Villon, que nous avons cité plus haut. Suivant le document concernant le vieux poète et découvert par M. Auguste Longnon, ce Michault Dufour était sergent à verge du Châtelet; ce qui indique qu'il faisait du théâtre en amateur.

Citons enfin François Villon lui-même, né à Paris en 1431, mort vers 1489, immortel déclassé du temps, qui, poëte malgré lui, arracha de son cœur, pour en faire les *Testaments*, ces navrantes explosions où les rires et les larmes se touchent et se confondent, expression la plus éloquente et la plus amèrement ironique de la triste comédie de l'humanité, et qui, déjà, avait été auteur-acteur dans divers genres et chef de troupe dans ses courses aventureuses, avec lesquelles il fit son *Roman comique* deux siècles avant celui de Molière. En effet, si les productions dramatiques qui nous restent de lui et dont nous parlerons tout à l'heure, dans la deuxième époque (*la Farce de Maistre Pathelin*, le *Monologue du Franc-archier de Baignolet* et le *Dialogue de Mallepaye et de Baillevent*), sont postérieures à celle où nous en sommes, le passage suivant de son *Grand-Testament*, est une preuve assez claire de ce que nous avançons, à savoir qu'il avait précédemment produit et joué des compositions théâtrales :

> Ryme, raille, cymballe, luttes,
> Comme folz, faintis, eshontez,
> Farce, broille, joue des flustes,
> Fais, ès villes et ès cités,
> Fainctes, jeux et moralités.

VIII. — Mise en scène, Organisation et Administration.

TERMINONS cette première époque en donnant quelques curieux détails sur nos théâtres primitifs.

Nous avons vu précédemment, à l'installation des *Confrères de la Passion* dans une salle de l'hôpital de la Trinité, comment ils firent disposer cette salle, suivant les frères Parfaict, qui disent que la scène avait autant d'étages qu'il fallait de lieux différents dans la pièce représentée; mais M. Alphonse Royer, dans son *Histoire universelle du théâtre,* démontre, d'après l'enluminure d'un ancien mystère, que ces lieux étaient en juxtaposition et non en superposition, (sauf pour le paradis, qui était toujours élevé au-dessus des autres décors — et de là, sans doute, le nom populaire de *paradis*, — et pour l'enfer établi toujours au-dessous). Remarquons, en effet, avec lui, que cette superposition eût été impossible, non-seulement par une élévation hors de toutes règles, mais encore par l'impossibilité, pour le public, de voir le spectacle qui aurait eu lieu aux étages supérieurs.

Quoi qu'il en soit, les pièces n'avaient alors pas plus de divisions sur la scène que sur le papier et se jouaient sans interruption (excepté les *Mystères*, qui demandaient quelquefois plusieurs journées, comme *La Passion*) ; ce qui était, du reste, aussi facile que naturel avec le système en usage de décors juxtaposés, qui montraient à la fois tous les lieux où se passaient les différentes parties de l'action.

Quant aux costume des acteurs, nous n'avons pas besoin de dire que c'étaient leurs costumes ordinaires de ville, sauf qu'à ceux des anges et des diables, qui étaient particuliers, on ajoutait des ailes pour les premiers, des masques et un appendice caudal pour les seconds.

Voici maintenant, d'après l'ouvrage remarquable de M. Alphonse Royer, comment les troupes s'organisaient et s'administraient.

Chaque membre donnait un écu d'or comme cotisation. On formait un fonds, qui, avec la recette, payait les dépenses (1). S'il y avait un bénéfice, il était partagé également entre les joueurs. Les auteurs qui s'engageaient, juraient de ne pas se dédire, sous peine d'amende et de prison. Chaque spectateur payait entre un liard et six deniers (2). Dans une représentation qui eut lieu à Angers en 1486, le produit brut fut de 5,409 livres (3) et la dépense de 4,179 livres; ce qui indique à la fois qu'il y eut un grand

---

(1). Inutile de dire que les dépenses ne se composaient que des frais d'organisation et de figuration, les droits d'auteur n'existant pas alors et ne devant guère naître qu'à la fin du XVIe siècle, où ils furent d'abord un minime prix à forfait, quelques écus pour une pièce.

(2). Environ un franc de notre monnaie actuelle.

(3). Plus de 200,000 de nos francs.

nombre de spectateurs et que les frais furent énormes. Les acteurs se procuraient sur place à boire et à manger — en payant. Il y avait une amende de six patards (monnaie entre le liard et le denier) pour ceux qui manquaient les répétitions. Les figurants recevaient d'un liard à six deniers par représentation.

Il n'y avait pas d'affiches (nous les verrons paraître au commencement du XVIIe siècle); mais on faisait un *cri*, c'est-à-dire une promenade dans les rues de la ville en annonçant la pièce à chaque carrefour, et en invitant les aspirants acteurs à se présenter. La troupe faisait aussi une *montre* par la ville en costume (1).

Disons enfin, en ce qui concerne les acteurs, que les rôles de femme, même ceux de la Vierge, étaient tenus par de jeunes garçons. La première actrice parut sous le règne de Henri III, à l'hôtel de Bourgogne, en

---

(1). Cette mise en scène et ces arrangements devaient rester à peu près les mêmes, particulièrement pour les mystères, jusque vers la fin du XVIe siècle.

imitation de ce qui avait lieu dans la troupe italienne, qu'il avait appelée à Paris ; mais cette nouveauté ne dura pas et ne fut définitivement acceptée qu'avec Mlle Beaupré, et une autre, dans la *Galerie du Palais*, pièce de Corneille, jouée en 1634 (1).

(1). A Rome, il y eut, du temps d'Auguste, deux femmes qui montèrent sur le théâtre : Dyonisa, engagée pour 200,000 sesterces (50,000 francs), et Phœbé Vocontia. Ajoutons, ce qui ne relève pas précisément nos deux artistes, que c'était à l'époque de la décadence dramatique, tombée dans la pantomime et le spectacle des yeux, et que la nôtre y ressemble furieusement avec ses féeries, ses revues et autres productions *ejusdem farinæ*.

FIN DE LA PREMIÈRE ÉPOQUE.

DEUXIÈME ÉPOQUE

DE MAISTRE PATHELIN A CLÉOPATRE CAPTIVE

1460-1552

I. — *La Farce de Maistre Pathelin.*

Le théâtre Français se traînait entre le *mystère*, qui l'avait ouvert, et la *moralité* et la *farce,* qu'il s'était bientôt adjointes, lorsque, tout à coup, de ce dernier genre, encore informe embryon, on vit, comme un éclair dans la nuit, surgir la *Farce de Maistre Pathelin* (1), c'est-à-dire ce chef-d'œuvre où sont retrouvés de génie les trois

(1). En 1462, comme nous pensons l'avoir établi dans la préface de notre édition de cette farce.

grands comiques du théâtre ancien, et qui eu l'insigne honneur d'ouvrir la voie et d'inspirer son *Tartuffe* à notre grand Molière, cet incomparable comique de tous les temps. Jusque-là, on n'avait eu, avec les mystères, que des pièces à tiroir, c'est-à-dire une suite de tableaux se liant plus ou moins indirectement : avec *Maistre Pathelin,* on eut une vraie pièce.

Nous allons, si on le veut bien, pour traiter comme il convient cette immortelle farce, qui créa notre vrai théâtre et qui a fini par s'imposer au répertoire de la Comédie-Française, où elle eut dû figurer en tête, entrer dans son analyse aussi largement que possible, en en donnant des citations et en recherchant même quel peut en être l'auteur.

Commençons par dire qu'elle est en vers, comme toutes les pièces du temps, et en vers de huit syllabes, mesure généralement adoptée alors pour toutes les compositions. Nous n'ajouterons pas : à rimes plates ou suivies ; car l'alternative des vers masculins et des vers féminins n'était pas encore en usage (elle ne commença que vers le commencement du XVIe siècle et ne devint une règle qu'avec Clément Marot). On comprend donc que les rimes masculines et les rimes féminines s'y succèdent au hasard.

On ne sera pas étonné non plus si *Maistre Pathelin,* qui comporte six actes, d'après les changements de lieux, n'indique aucune division d'actes, ni même de scènes. On sait, en effet, que cette indication ne date chez nous que d'Etienne Jodelle, comme nous le verrons en ouvrant la troisième époque avec sa *Cléopâtre captive,* première pièce régulière qui ait été représentée en France (1552). Inutile d'ajouter qu'alors toutes les pièces (sauf les mystères, où, à cause de leur longueur extraordinaire, il y avait, comme on l'a vu précédemment, des pauses « pour aller diner » — et se « coucher » aussi sans doute, puisqu'ils duraient plusieurs jours), n'avaient pas plus de divisions sur la scène que dans le manuscrit ou l'imprimé et qu'elles se jouaient sans interruption; ce qui était, ainsi que nous l'avons déjà dit, aussi naturel que facile avec le système en usage de décors juxtaposés, qui montraient, à la fois, tous les lieux où se passaient les différentes parties de l'action.

Maistre Pathelin ne compte que cinq personnages : Pathelin, avocat ; Guillemette, sa femme ; Guillaume Joceaume, drapier ; le Juge ; Thibault Laignelet, berger ; mais, comme nous allons le voir, ce petit nombre de personnages ont suffi à l'auteur pour créer une suite de scènes des plus comiques qu'il y ait au théâtre.

La pièce s'ouvre sur une scène de ménage entre maistre Pierre Pathelin et sa femme. Elle lui reproche la perte de sa réputation d'avocat depuis qu'on le « piloria » pour une tromperie, lui rappelant qu'on ne l'appelle plus que « l'avocat dessoubs l'orme », avocat sans cause, comme nous dirions maintenant.

Pathelin, tout en avouant qu'il n'apprit « oncques à lectre qu'un peu », c'est-à-dire qu'il est assez ignorant, se vante d'en connaître plus que n'importe qui dans son art. « Oui, lui dit Guillemette, vous estes un fin maistre, non de droict mais de tromperie. Et puis, à quoi vous sert maintenant votre science ? ajoute-t-elle :

Nous mourons de fine famine ;
Nos robes sont plus qu'estamine
Raises, et ne pouvons sçavoir
Comment nous en puissions avoir.

« Des robes ! » réplique l'avocat. N'est-ce que cela ? On aura du drap pour se vêtir de neuf des pieds à la tête. Qu'elle lui dise seulement la couleur :

Quel' couleur vous semble plus belle :
D'un gris verd, d'un fin de Brucelle
Ou d'autre ? Il me le fault sçavoir.

Et combien faut-il d'aulnes ? Il compte :

Pour vous deux aulnes et demie,
Et pour moi trois, voire bien quatre.

« Vous comptez bien ! dit Guillemette ; mais où les aurez-vous ? qui diable vous les prêtera ? »

PATHELIN.

Que vous en chault qui se sera ?
On me les prestera vrayement
A rendre au jour du jugement ;
Car plus tost ne sera ce point.

Là-dessus, maître Pierre sort et va frapper à la porte de Guillaume Joceaume, le drapier. C'est celui-ci qui « prêtera » les aunes de drap « à rendre au jour du jugement. » Pathelin commence par le flatter, suivant une ruse vieille comme le monde, en lui faisant de grandes louanges de feu son père, qui était ceci, qui était cela, qui, surtout, ô le brave homme ! « prestait ses denrées à qui en voulait. » Le drapier le fait asseoir : comment donc ! un homme si poli !

Tout en continuant, il tâte du drap qui est sous sa main, et feint d'être séduit peu à peu par la marchandise, quoiqu'il n'en ait vraiment guère besoin, prétend-il.

>   Or, vrayment j'en suis atrapé,
>   Car je n'avais intention
>   D'avoir drap, par la passion,
>   De Nostre-Seigneur ! Quand je vins,
>   J'avais mis à part quatre-vingts
>   Escus pour retraire une rente ;
>   Mais vous en aurez vingt ou trente,
>   Je le voy bien ; car la couleur
>   M'en plaist trestant que c'est douleur.

Par un retour habile, il marchande cependant et beaucoup. Le marchand, de son côté, reste dans son rôle et tient bon :

> Certes, drap est cher comme cresme :
> Trestout le bestail est péry
> C'est yver, par la grand froidure.

Enfin, on s'entend, et Pathelin, tout en bavardant pour étourdir le marchand, glisse avec aisance le drap sous son bras. « Mais l'argent » ? demande le drapier. « Vous l'aurez chez moi », répond l'avocat. — « Bien », dit Guillaume Joceaume. Et il veut se charger du drap et accompagner Pathelin. Mais ce n'est pas le compte de celui-ci : « Non, dit-il, vous viendrez dans un instant,

> Et si mangerez de mon oye,
> Par Dieu ! que ma femme rostit.

« Vraiment, cet homme m'assotist », dit le drapier. Et il laisse aller l'avocat avec le drap.

Qui s'ébahit de joie en voyant le résultat de la promesse de Pathelin ? C'est Guillemette. Elle n'en peut revenir, tout en riant de bon cœur du récit que son mari lui fait de l'aventure. Cela lui rappelle, dit-elle, la fable du Corbeau et du Renard, qu'elle répète, et que nos lecteurs liront, sans doute, avec intérêt dans ce vieux et naïf langage :

> Il m'est souvenu de la fable
> Du corbeau, qui estoit assis
> Sur une croix de cinq à six
> Toyses de haut, lequel tenoit
> Un fromage au bec. Si venoit
> Un renard, qui vist ce fromaige ;
> Pensa à luy : « Comment l'auray-je ? »
> Lors se mist dessoubs le corbeau :
> « Ha ! fist-il, tant as le corps beau
> Et ton chant plein de mélodie ! »
> Le corbeau, par sa cornardie,
> Oyant son chant ainsi vanter,
> Si ouvrit le bec pour chanter,
> Et son fromage chet à terre,
> Et maistre renard le vous serre
> A bonnes dents, et si l'emporte.
> Ainsi est-il, je m'en fais forte,
> De ce drap. Vous l'avez happé
> Par blasonner, et attrapé
> En luy usant de beau langaige,
> Comme fist renard du fromaige.

Cependant, le premier moment de joie passé, vient la réflexion. Le drapier va venir : où est l'argent pour le payer ? où est l'oie dont il doit manger ? Comment se tirer de là ? Pathelin rassure sa femme : il a déjà préparé son plan. C'est un tour de « droite avocasserie » : il se retranchera derrière un alibi, et sans sortir de chez lui. Voici, explique-t-il à Guillemette :

> Voicy qu'il nous fauldra faire.
> Je suys certain qu'il viendra braire
> Pour avoir argent promptement.
> J'ay pensé bon apoinctement ;
> Car il convient que je me couche,
> Comme malade, sur ma couche ;
> Et, quand il viendra, vous direz :
> « Ha ! parlez bas ! » et gémirez,
> En foisant une chère fade.
> « Las ! ferez-vous, il est malade,
> Passé deux moys ou six semaines. »
> Et, s'il vous dist : « Ce sont trudaines :
> Il vient d'avecq' moy tout venant ! »
> — Hélas ! ce n'est pas maintenant,
> Ferez-vous, qu'il faut rigoler. »
> Et le me laissez flageoler ;
> Car il n'en aura autre chose.

Guillemette se récrie d'abord sur le peu de chance de réussite que présente ce projet ; mais Pathelin insiste, et, si elle ne se laisse pas tout-à-fait convaincre, elle promet, du moins, de bien jouer son rôle. Pour commencer le sien, l'avocat se couche. Arrive le drapier, souriant et l'appétit aiguisé, comme un homme qui va toucher de l'argent et faire un bon repas gratis. « Parlez bas », dit Guillemette.

LE DRAPIER.

Où est-il ?

GUILLEMETTE.

Las ! où doist-il estre ?

LE DRAPIER.

Le qui ?

GUILLEMETTE.

Ha ! c'est mal dict, mon maistre !
Où est-il ? Dieu, par sa grâce,
Le sache ! il garde la place
Où il est, le pauvre martir !
Unze sepmaines sans partir !

« Le qui ? » demande de nouveau le drapier, et Guillemette, après de nouvelles jérémiades, se décidant enfin à terminer le quiproquo et à aller au fait : « Maistre Pierre », dit-elle.

LE DRAPIER.

Ouay ! N'est-il pas venu querre
Six aulnes de drap maintenant ?

Guillemette continue son rôle : Pathelin ne peut avoir été chez le drapier, puisqu'il est là, mourant. A la fin, Joceaume se fâche : « Ça ! mon argent ! Etes-vous folle ! Il me faut neuf francs ! » Guillemette répond au drapier que c'est lui qui fait le mauvais plaisant et que c'est bien vilain de sa part dans un pareil moment.

LE DRAPIER.

Par la Feste-Dieu, je cuydoie
Encore... Et n'avez-vous point d'oye
Au feu ?

GUILLEMETTE.

C'est très-belle demande !
Ha ! sire, ce n'est pas viande
Pour malades.

Tout cela, cependant, ne calme ni ne convainc le drapier, et Guillemette va être au bout de son rouleau ; mais Pathelin vient à son secours. Il geint, il appelle sa femme. « Un peu d'eau rose ! haussez-moi ! à boire ! frottez-moi la plante ! » Puis, élevant le ton et battant la campagne :

Ha ! meschante !
Vien çà ! t'avais-je fait ouvrir

Ces fenestres ? Vien moy couvrir!
Ostez ces gens noirs! *Marmata,*
Carimari, carimara!
Amenez-les moy ! amenez !

Il en donne pour son argent au drapier. Il se démène comme un possédé ; il parle latin, allemand, limousin, breton, picard, normand, *charabia* : il n'en finit plus. Le drapier, sorti de colère un instant, et revenu pour couler l'affaire à fond, est étourdi et ne sait plus que penser. Enfin, il se rend à l'évidence, et il s'excuse :

Pardonnez-moy ; car je vous jure
Que je cuydois, par ceste ame !
Qu'il eust mon drap. Adieu, dame !
Pour Dieu! qu'il me soit pardonné.

Là-dessus, il s'en va tout attristé, et Pathelin et sa femme de rire et de se féliciter. Tout-à-coup, on frappe de nouveau. Serait-ce encore le drapier qui revient ? Non, et, par grand miracle, c'est même un plaideur, Thibauld Laignelet, qui vient conter son cas à l'avocat. Berger de son état, il a été ajourné devant le juge, par son maître, pour avoir tué des brebis qu'il avait à garder, sous prétexte qu'elles étaient mortes de la clavelée. Il ne se dissimule pas que sa cause est aux trois quarts perdue : dix témoins déposeront au besoin qu'il a tué et mangé quantité de brebis bien saines. N'importe ! Pathelin le rassure et lui promet qu'il lui fera avoir gain de cause, et ce sera bien facile : Thibauld n'aura qu'à répondre : Bée ! à tout ce qu'on lui demandera. Aussi, l'avocat espère-t-il de généreux honoraires :

> Mais aussy fay que je me loüe,
> Quand ce sera faict, de la paye.

LE BERGER.

> Mon seigneur, si je ne vous paye
> A vostre mot, ne me croyez
> Jamais.

Et, comme Pathelin insiste, il répète : « Dieu ! à votre mot vraiment ! Et, ajoute-t-il, je ne vous paierai pas en sols, mais en bel or à la couronne. » Et Pathelin se compte déjà un écu ou deux sur la planche.

L'audience arrive. Le juge appelle la cause, et le maître du berger s'avance comme demandeur. O sort malencontreux pour

Pathelin ! c'est Guillaume Joceaume, le drapier ! Comment faire ? fuira-t-il ? mais ce serait s'accuser. Il fait contre fortune bon cœur et s'avance, à son tour, avec le berger, en se couvrant le visage de la main.

LE JUGE.

Comment vous tenez la main haute !
A v'ous mal aux dents, maistre Pierre ?

PATHELIN.

Oui, el' me font telle guerre
Qu'oncques mais ne senty telle raige.
Je n'ose lever le visaige.

« Je ne me trompais pas !. se dit le drapier, qui avait cru le reconnaître avant qu'il parlât, c'est bien sa voix ! c'est bien lui ! » Alors, il apostrophe Pathelin : il lui réclame son drap ; il argumente contre lui comme si le procès pendant était entre eux deux. Le juge, qui n'y est pas du tout, le presse d'exposer sa plainte : il le fait, mais il mêle si bien les deux affaires, mais il confond si bien le drap avec les moutons, la bergerie avec la draperie, que le juge, comprenant de moins en moins, le ramène sans cesse à la question.

« Revenons à nos moutons, » dit-il (et de là le proverbe). De guerre lasse, il passe à Thibauld Laignelet, qu'il interroge. Autre histoire! Celui-ci, au lieu de parler trop, ne parle pas assez, répondant « Bée! » à tout ce qu'on lui demande, comme s'il était « un mouton vestu », suivant l'énergique expression de Pathelin.

Pour comble, le drapier recommence ses divagations, apostrophant tantôt Pathelin, à qui il réclame les brebis mortes, tantôt le berger, qu'il appelle voleur de drap et qui répond toujours par son cri de : « Bée! bée! » pendant que, de son côté, Pathelin, qui ne perd pas la carte, plaide de toute la force de ses poumons et adjure pathétiquement, avec une pointe d'ironie, le drapier en faveur de Laignelet :

Ha! sire, le ferez-vous pendre
Pour six ou sept bestes à laine?
Au moins, reprenez vostre haleine!
Ne soyez pas si rigoureux
Au pauvre berger douloureux!

C'est une confusion impossible, une vraie tour de Babel. Le juge, vexé de ne pouvoir en sortir, perdant un peu la tête, apostrophe à droite et à gauche, à tort et à travers, et, pour en finir, décharge toute sa colère sur Guillaume Joceaume, qui ne sait ce qu'il dit et qui mériterait une punition. Accuser un avocat! traduire un pauvre idiot en justice!

> Vous monstrez bien qui vous estes,
> Sire, par le sang Nostre-Dame!...
> Je l'absoulz de vostre demande,
> Et vous défends de procéder!

Cette belle sentence rendue, le juge essuie son front, lève la séance et invite Pathelin à souper avec lui.

C'est le dernier coup pour le drapier! Il va s'élancer pour étrangler l'avocat, qui paiera ainsi pour tout; mais celui-ci fait si fière contenance, que le drapier, perdant la tête, à son tour, se demande s'il ne rêve pas et si ce n'est pas lui-même qui a tort :

> Ha! je vois voir en vostre hostel,
> Par le sang dieu! si vous y estes :
> Nous n'en débatrons plus nos testes
> Icy, si je vous trouve là!

Nous arrivons à la dernière scène, qui est certainement une des plus importantes. Jusque-là, toutes les tromperies de Pathelin ont réussi ; mais, à la fin, il faut qu'il soit puni. « Qui cuide engeigner (tromper) autrui, s'engeigne soi-même ! » a dit plus tard Mathurin Régnier. Le trompeur doit être trompé. L'avocat s'attend à être payé en « écus d'or à la couronne » : il le sera en monnaie de singe, à la façon dont il paie les autres. Son conseil au berger tournera contre lui-même.

Voici un extrait de cette scène, qui termine si admirablement la pièce.

PATHELIN.

...Vien ça, vien !
Ta besongne est-elle bien faicte ?

LE BERGER.

Bée !

PATHELIN.

Ta partie est retraicte :
Ne diz plus bée, il n'y a force.
Luy ay-je baillé belle estorse ?
Tay-je point conseillé à poinct ?...

LE BERGER.

Bée !

PATHELIN.

Il est temps que je m'en aille.
Paye-moi...

LE BERGER.

Bée !

PATHELIN.

Quel bée il ne fault plus dire ;
Paye-moy bien doucement.

LE BERGER.

Bée !...

PATHELIN.

Est-ce moquerie ?...
Par mon serment, tu me payeras,
Entends-tu, si tu ne t'envolles !
Ça ! argent !

LE BERGER.

Bée !

PATHELIN.

Tu te rigolles !...
Maugrébieu ! ay-je tant vescu
Qu'un berger, un mouton vestu,
Un vilain paillard, me rigolle ?

LE BERGER.

Bée !...

PATHELIN.

...Par sainct Jehan ! tu as raison :
Les oysons mainent les oyes paistre.

> Or, cuidoy estre sur tous maistre
> Des trompeurs d'icy et d'ailleurs...
> Et un berger des champs me passe !

Telle est, dans une analyse forcément faible et incomplète, l'admirable *Farce de Maistre Pathelin*.

Maintenant, quel peut bien être l'auteur de cette pièce ? Quel est, en un mot, le poëte qui a ainsi retrouvé de génie l'une des plus hautes expressions de la comédie humaine, et fait éclore en pleine nuit du XVe siècle cette œuvre lumineuse à laquelle nulle autre composition dramatique du temps ne saurait être comparée ?

En attendant que des documents authentiques et catégoriques, si toutefois il en existe, viennent en révéler le père, la *Farce de Maistre Pathelin* est actuellement attribuée à trois auteurs différents, qui sont : Pierre Blanchet, Antoine de la Sale et François Villon.

La première attribution, émise d'abord par de Beauchamps, en 1735, et soutenue particulièrement de nos jours par le bibliophile Jacob, ne résiste pas à l'examen, comme nous allons le démontrer. Un document fixe une date avant laquelle nécessairement cette farce a été composée : c'est une lettre de rémission donnée par Louis XI en 1470. Or, Pierre Blanchet ne peut être l'auteur de la Farce, étant né en 1459 et n'ayant, par conséquent, que onze ans en 1470.

Quant à Antoine de la Sale, qui n'a pour partisan que M. Génin, nous ne voyons pas en quoi il aurait le moindre droit à cette paternité ; car, pour être l'auteur du *Petit Jehan de Saintré* et probablement des *Cent Nouvelles nouvelles*, c'est-à-dire le premier écrivain du temps, en prose, il ne s'en suit pas nécessairement qu'il soit le grand poëte comique qu'il a fallu pour écrire *Maistre Pathelin*. Au contraire, il n'y a pas, à notre avis la moindre similitude entre la manière du *Petit Jehan de Saintré* et celle de la Farce. En effet, si ce conte renferme quelquefois du dialogue comique, c'est toujours le gros comique salé des ouvrages de cette espèce, et non pas ce comique spirituel et achevé de *Pathelin*, c'est-à-dire de la meilleure et de la vraie comédie.

Arrivons à la troisième opinion, à celle

qui, — les autres poëtes du temps implicitement écartés, et avec raison, pas un n'ayant rien laissé de comparable à la farce, — l'attribue à François Villon, et qui est soutenue par le plus grand nombre.

Ce fut de Léris qui l'émit le premier dans la deuxième édition (1763, in-8°) de son *Dictionnaire portatif historique et littéraire des théâtres*, où il dit positivement que la *Farce de Maistre Pathelin* a été représentée à Paris, « sur l'échafaud, en 1470 », et que François Villon en est l'auteur. En 1792, une édition du *Pathelin* de Brueys, publiée par Cailleau, vint en faire une thèse. Depuis, cette première opinion fut reprise par plusieurs érudits autorisés.

M. Magnin est persuadé que, si Villon n'a pas créé la *Farce de Maistre Pathelin*, il a certainement dû en revoir le texte. De son côté, M. Campaux, dans une note de son remarquable travail : *François Villon, sa vie et ses œuvres*, en rappelant cet avis, dit qu'il le partage au moins. Enfin, M. Auguste Vitu trouve les plus grandes « affinités » entre Villon et Pathelin, et M. Edouard Fournier parle aussi dans ce sens en deux ouvrages différents :

1º La *Vraie Farce de Maistre Pathelin* (1873), au prologue de laquelle on lit ceci :

LA COMÉDIE.

François Villon ?

LA FARCE.

Qui sait ? le drôle
Eut tout du rôle : adresse, esprit.
Fripon, il eût joué le rôle,
Et, poëte, il l'eût écrit.

2º Son *Théâtre Français avant la Renaissance,* où il répète en prose ce qu'il a dit en vers, en ajoutant : « L'attribution qu'on a faite à François Villon de la *Farce de Maistre Pathelin* est la plus vraisemblable. »

C'est cette troisième attribution, « la plus vraisemblable » que nous venons reprendre, à notre tour, en procédant par comparaison, tant entre les *Testaments* de François Villon et les pièces dramatiques qu'on donne de lui depuis trois siècles et demi, qu'entre le caractère de Villon lui-même et celui de Pathelin, et en formulant des arguments qui s'enchaînent et se corroborent l'un l'autre.

Premièrement. Villon fut auteur dramatique, acteur et chef de troupe, comme son grand successeur Molière. Cela est établi : 1° par le fameux récit de Rabelais (livre IV, chapitre XIII), où il dit que Villon « entreprit de faire jouer *la Passion* en gestes et langage poictevins » ; ce qui indiquerait même peut-être que le poète a écrit ou traduit une *Passion* en poitevin ; 2° par les deux pièces dramatiques qu'on joint à ses œuvres depuis 1532 : le *Monologue du franc-archier de Baignolet* et le *Dialogue de Mallepaye et de Baillevent*, où l'on reconnaît, d'ailleurs, incontestablement sa manière ; 3° par plusieurs passages du *Grand Testament* (1461), entre autres celui qui commence ainsi et qui s'applique évidemment à Villon lui-même, comme nous l'avons déjà dit, à la fin de la première époque, en le rapportant :

> Ryme, raille, cymballe, luttes,
> Comme folz, faintis, eshontez,
> Farce, broille, etc.

Deuxièmement. Il y a la plus grande similitude entre la *Farce de Maistre Pathelin* et les autres œuvres de Villon. En effet, c'est le même genre d'esprit comique, le même style, la même manière, la même identification enfin de l'auteur. Une preuve de cette identification par comparaison.

Dans le *Monologue du franc-archier de Baignolet*, le personnage dit ceci :

> Ma mère feust née d'Anjou
> Et mon père, je ne sçais d'où,
> Sinon que j'ouy révéler
> Qu'il feust natif de Lantriquer (1).

Dans la *Farce*, l'aïeule paternelle de Pathelin est « extraicte de Bretaigne », et Pathelin lui-même parle breton ; ce qui ne peut s'appliquer qu'à l'auteur lui-même, qui s'est identifié avec son principal personnage.

Or, si la *Farce* se relie ainsi au *Monologue*, celui-ci se relie aussi aux *Testaments*, puisque, tout en n'y parlant pas de l'origine de son père, Villon laisse supposer que sa mère pouvait être d'Anjou, en disant si bien, dans

(1). Pour Tréguier, en Bretagne (Côtes-du-Nord).

le *Petit Testament*, en homme qui sait ce qu'il fait, et qui va évidemment chez des parents (chez un oncle, comme l'a découvert récemment M. Auguste Longnon) :

Adieu ! je m'en vais à Angiers.

D'un autre côté, on sait que chaque écrivain a toujours non-seulement certains tours de phrases, mais encore certaines expressions qu'il paraît affectionner particulièrement, et qui lui sont, pour ainsi dire, comme propres. Or, entre autres expressions communes au *Grand Testament* et à la *Farce de Maistre Pathelin*, nous en remarquons surtout deux, que voici :

1° Il y a dans le Grand Testament :

Foy que doy, *frelore, bigod !*

et ces derniers mots, qui paraissent être le juron en allemand corrompu : *Verloren, by gott !* (Tout est perdu, par Dieu), se trouvent dans la farce, où on lit, en effet :

Nostre faict serait tout *frelore !*

2° On rencontre dans la *Ballade Villon* cette

touchante expression d'Homère, que le poëte a retrouvée de génie :

> Je riz en pleurs !...

et on lit dans la farce :

> Je riz et pleure ensemble !

Enfin, chose importante dans la question de similitude, il y a dans le *Dialogue de Mallepaye et de Baillevent* les deux passages suivants, qui sont évidemment des liens de parenté avec la farce et où l'on retrouve le père commun :

> *Pathelin* en main...
> Et aux ouvriers? *Le Pathelin.*

Troisièmement. Il y a également la plus grande affinité entre le caractère de Villon et celui de Pathelin ; ce qui ferait de la farce une création par identification.

D'une part, en effet, comme Pathelin, Villon n'a malheureusement que trop pratiqué la subtilisation du bien d'autrui. Les *Repeues franches,* œuvre de ses disciples, sont là pour l'attester.

D'autre part, il y a justement sur le compte

de Montigny, un des disciples de Villon, un tour qui a dû être inspiré par le maître, et dont celui-ci a eu évidemment l'idée plaisante de perpétuer la réussite, en écrivant la *farce de Maistre Pathelin*, dans le tour joué par l'avocat au drapier Guillaume Joceaume. Ce tour est constaté par le passage suivant d'une Lettre de Rémission de 1457, découverte par M. Auguste Vitu :

« Aussy d'avoir esté, en la compaignye d'ung nommé Jehan Lesourt, en la ville de Poictiers, par devers un marchant drapier, faingnant d'achepter du drap, auquel marchant ils firent tant que ils eurent pour vingt-quatre escus de drap et vingt escus en argent, et de ce luy feust baillé une bougeste ou boiste en laquelle ils faingnirent mectre vingt nobles, mais ils luy entrejectèrent une aultre bougeste ou boiste où il n'y avoit rien qui vaulsit. »

Enfin, on trouve dans le prologue des *Repeues franches* :

>Les hoirs du deffunct Pathelin,
>Qui sçavez jargon jobelin,
>Capitaine du pont à Billon,
>Tous les subjets Françoys Villon.

Or, il y a évidemment liaison entre les « hoirs » de Pathelin et les « subjets » de Villon, et cette liaison implique entre ces deux personnages une sorte d'identification, née de la confusion naturelle entre l'auteur de Pathelin et Pathelin lui-même.

Quatrièmement. On lit dans les *Repeues franches*.

> Passe tous les sens Pathelin,
> De Villon, et Pauquedenaire.

Or, si ce passage n'établit pas authentiquement la paternité de la *Farce de Maistre Pathelin* à l'égard de Villon, comme il serait peut-être possible de le prétendre, puisque, d'habitude, le nom du poète n'avait pas la particule, et qu'elle aurait pu être remplacée par la conjonction *et* pour la mesure du vers, il constate du moins l'affinité et la ressemblance reconnues entre Villon et Pathelin.

Cinquièmement. Enfin, la gravure portant le nom de Pathelin dans l'édition de la farce de Germain Beneaut (Paris, 1490), la première avec date qui soit connue, est la reproduction de celle qui représente Villon dans l'édition des *Testaments* de 1489 ; ce qui ne peut être un simple effet du hasard. Or, cette autre identification que l'éditeur Beneaut fait du poëte avec Pathelin indique une fois de plus, ce nous semble, que l'attribution de la farce à Villon était, dès le principe, une chose établie.

Tels sont nos arguments en faveur de Villon. Au lecteur de décider de leur valeur ; mais nous croyons qu'on en trouverait difficilement de meilleurs pour une autre attribution de la *Farce de Maistre Pathelin*, et que, jusqu'à présent, au contraire, on peut regarder cette farce — un chef-d'œuvre, malgré Aristote — comme écrite par Villon, qui, en même temps qu'il a créé la véritable poésie en France avec ses *Testaments*, aurait aussi créé avec elle notre véritable théâtre.

Quoi qu'il en soit, cette farce fut l'événement littéraire du XVe siècle, avec les *Testaments* et les *Cent Nouvelles nouvelles*. Traduite dans les principales langues de l'Europe, même en latin, et jouée probablement d'abord par la troupe spéciale de Villon, puis par l'une des deux troupes comiques que nous connaissons, celle de la Basoche, sans doute, au Palais, elle eut un succès si grand et si durable, si bien mérité, d'ailleurs, qu'elle fit tout le fonds de notre théâtre comique pendant près d'un siècle et fut jouée vingt années de suite à l'*Hôtel de Bourgogne*.

Ajoutons, comme preuve de ce succès sans précédent, qu'elle fut un des premiers ouvrages imprimés en France.

En effet, si la première édition datée est de 1490, on en connaît une de Leroy, de Lyon, qui paraît remonter au moins à dix ans plus tôt, puisqu'il imprimait dès 1474.

II. — *Imitations de Maistre Pathelin.*

Il semblerait que la *Farce de Maistre Pathelin* eût dû faire sortir pour toujours le théâtre de l'enfance : il n'en fut rien. L'auteur était trop en avance sur son époque : ses contemporains ni ses successeurs ne purent le suivre, et son œuvre n'inspira que de pâles imitations, même avec la Renaissance, en attendant le grand génie comique qui s'appela Molière, et dont il eut l'honneur d'être le précurseur.

Parmi les nombreuses imitations françaises de *Pathelin* (car il fut non-seulement traduit à l'étranger, mais encore imité), on en compte surtout deux.

C'est d'abord le *Nouveau Pathelin*, qui porte aussi le titre de *Farce de Pathelin et du Pelletier* (1474), que Simon Gueulette, dans son édition de 1748, attribue à François Villon, sans doute à cause de sa ressemblance entre le tour fait au pelletier et celui que joua le poëte au marchand de poisson, et qu'enregistrent les *Repeues franches*, œuvre d'un de ses disciples.

Pour notre compte, nous l'attribuerions plutôt à ce même disciple, qui se serait ainsi doublement inspiré du maître. Toutefois, il n'y a rien d'absolument invraisemblable dans l'opinion de Gueulette, puisqu'on a vu souvent des auteurs dramatiques s'imiter eux-mêmes et se parodier, et, si elle est contestable, à cause de l'infériorité relative de l'œuvre, elle démontre, du moins, une fois de plus combien on a toujours été porté à attribuer ce genre spécial à Villon, tant sont frappantes l'affinité entre le poète et le personnage, et la similitude de style et de pensées entre les *Testaments* et les *Farces*. Quoi qu'il en soit, tout en étant une imitation presque continuelle de la première comme fonds et comme forme, le *Nouveau Pathelin* ne manque pas d'une forte dose de verve et d'une certaine valeur.

Quant à l'autre imitation, le *Testament de Maistre Pathelin*, probablement postérieure à la précédente, elle ne se recommande que comme réminiscence de la *Farce de Maistre Pathelin*, du *Nouveau Pathelin* et des *Testaments* de Villon, dont l'auteur essaie d'imiter les legs comiques. Au reste, c'est tout simplement une assez mauvaise histoire dialoguée des derniers moments de l'avocat, une espèce d'épilogue morale des deux premières farces, sans la plus légère intrigue ni même la moindre donnée dramatique, et l'on ne comprend guère le succès que paraît avoir eu, dans son temps, cette composition.

III. — Suite des Mystères et des Confrères de la Passion.

DANS la première époque, nous avons vu comment les *Confrères de la Passion*, qui fondèrent notre premier théâtre, d'abord à Saint-Maur, puis à la Trinité, durent, pour donner de la variété et délasser des mystères, accepter la collaboration des *Enfants Sans-Souci*, avec qui ils alternaient.

Voici, pour les lecteurs qui peuvent s'y intéresser et qui les trouveront dans les recueils spéciaux, la liste à peu près complète des mystères et des moralités religieuses qu'ils donnèrent depuis dans ces conditions :

Mystère du Trespassement de Nostre Dame, par « un chartreux de Paris » (1468) ;

Mystère du Roy advenir (1473), par « Jehan

du Prier, dit le Prieur, maréchal-des-logis du roy de Cécille René-le-Bon » ;

Mystère de l'Incarnation, joué à Rouen (1474) ;

Mystère de la Nativité, en 20,000 vers ;

Moralité du rond et du quarré, de Jehan Molinet, né près de Boulogne-sur-mer, bibliothécaire de Marguerite d'Autriche, mort en 1507, qui a laissé aussi une espèce de chronique rimée, intitulée : *Recollection des merveilles advenues de notre temps ;*

Vigiles des morts, par le même (1474) ;

Mystère nouveau de la Résurrection, en trois journées (1475), de Jehan Michel, dont nous avons parlé à propos du grand *Mystère de la Passion,* joué dans la première époque et revu depuis par lui ;

Mystère de Job (1478) ;

Moralité de l'homme pécheur (1480) ;

Mystère de la France (1480) ;

Mystère de Sainte-Barbe (1480) ;

Mystère de Saint-Denys (1480) ;

Moralité de l'homme produit par nature (1492) ;

Mystère du mauvais riche et du ladre (1500);

La Grant Deablerie, d'Eloy d'Amerval, prêtre de Béthune, né dans cette ville (1500);

Moralité du fils sans père et de Colin changé en moulin (1500);

Moralité des Blasphémateurs (1502);

Moralité de Mondus, Caro, Demonia (1505);

Mystère du chevalier qui donne sa femme au Diable (1505);

Moralité de l'homme juste et de l'homme mondain (1508);

Mystère des Actes des Apôtres, des frères Greban, revu par Pierre Cuevret ou Curet, chanoine de Saint-Julien du Mans (1510);

Mystère de l'Assomption (1518);

Mystère de Nostre-Dame du Puy (1518);

Mystère de Jovinien (1519);

Mystère de Saint-Pierre et de Saint-Paul (1520);

Mystère de l'Assomption (1527), par Jehan Parmentier, marchand, né à Dieppe, en 1494;

Mystère de la vie de Saint-Christophle (1528),

par Antoine Chevalet, gentilhomme dauphinois, mort avant 1530;

Mystère de Saint-Audry (1530);

Mystère de Saint-Nicolas (1530);

Mystère de Sainte-Barbe, (nouveau, 1534);

Mystère de Saint Jehan-Baptiste (1535);

Moralité de l'Enfant prodigue (1535);

Moralité d'une villageoise (1536);

Moralité du Gouvert d'humanité (1538), de Jehan d'Abundance, « basochien », notaire du Pont-Saint-Esprit;

Mystère de l'Edification et de la dédicace de l'Eglise Nostre-Dame du Puy, de trente-cinq personnages, par Claude d'Oleson;

Mystère du Triomphe des Normands, « traitant de l'Immaculée Conception », par Guillaume Tasserie;

Mystère de la Nativité, « sur divers chants, de plusieurs chansons, et premièrement le voyage en Bethléem et l'enfantement de la Vierge, sur le chant : *Le plus souvent, tant il m'ennuie* (1), » par Barthélemy Aneau, que

(1). La musique était bien appropriée aux paroles!

nous retrouverons dans les successeurs de Gringore, pour une pièce politique ;

Joyeux Mystère des Trois Roys (1541), de Jehan d'Abundance, que nous retrouverons également ;

Mystère de Quod Secundum legem debet mori, etc. (1541); sujet tiré du Nouveau Testament, par le même ;

Mystère de l'Apocalypse (2ᵉ partie, 1541), par Louis Chocquet ;

Mystère des cruautés de Domitien, par le même ;

Mystère de Saint-Jehan l'Evêque (1541) ;

Comédie de la Nativité de J.-C. (1545) ; *des Innocents* et *du Désert* (1545), ces trois de Marguerite de Navarre, sœur de François Iᵉʳ, dont nous parlerons plus loin.

De tous ces mystères et moralités, il en est peu qui méritent même d'être cités ; car, pour les mystères en particulier, depuis celui de *la Passion,* qui en est resté le dernier mot, au lieu d'aller en se perfectionnant, ils étaient déjà en pleine décadence.

C'est pourquoi nous nous contenterons

de cette simple nomenclature des œuvres et des auteurs, pour reprendre l'histoire des *Confrères de la Passion*.

Nous l'avons dit, ils avaient été trop heureux d'offrir l'hospitalité aux *Enfants Sans-Souci*, pour profiter du public que ceux-ci attiraient. Il paraît que le résultat fut précisément le contraire de ce qu'ils attendaient : le public, qui put comparer les deux répertoires, se dégoûta de plus en plus des mystères. Cette mise en scène continuelle des choses de la religion, qui avait excité autrefois tant de pieux intérêt, avait presque déjà fait son temps.

Il fallait désormais autre chose au peuple, qui faisait sa rude éducation au prix de tous les malheurs : il voulait rire souvent pour s'étourdir du présent, et penser quelquefois pour espérer dans l'avenir. De là, même en dehors de leur valeur relative, le succès de *Maistre Pathelin* et des autres farces, qui provoquaient la plus franche gaîté ; de là également celui des pièces à portée sociale, comme certaines moralités, où l'on mettait, en regard du riche content de tout, le pauvre accablé sous tous les fardeaux, sujet propre à tant de réflexions.

Est-ce dans le but de redonner de la jeunesse et de l'importance aux pauvres *Confrères de la Passion* ? Toujours est-il que François Ier crut devoir confirmer leurs priviléges, par Lettres patentes de 1518.

Remède inutile, d'ailleurs, et qui ne leur fit ni bien ni mal.

Quoi qu'il en soit, ils restèrent à l'hôpital de la Trinité jusqu'en 1539.

A cette époque, ils furent expulsés par l'administration (et, avec eux, les *Enfants Sans-Souci*), et allèrent se réfugier dans l'hôtel de Flandres, bâtiment construit au commencement du XIVe siècle, par le comte de Flandres, sur un emplacement que lui avait vendu un bourgeois nommé Pierre Coquillière, près de la rue actuelle de ce nom. Ce ne devait être que pour quelques années seulement, cet hôtel ayant été vendu à la criée en 1544, avec ceux d'Arras, d'Etampes et de Bourgogne, à un bourgeois de Paris, nommé Jean Rouvet, qui lui donna une autre destination.

Pendant cinq ou six ans, ils errèrent çà et là, dans diverses salles, qu'ils louèrent. Enfin, par acte passé devant les notaires du Châtelet de Paris, le 30 août 1548, ils achetèrent du même Jean Rouvet, moyennant une rente annuelle de 225 livres, une masure dépendant de l'hôtel de Bourgogne, de 102 pieds de long sur 96 pieds de large, entre la rue Neuve-Saint-François et la rue Mauconseil, sur laquelle elle avait issue, et ils s'empressèrent d'y faire construire un théâtre.

Installés à ce théâtre (le premier en France bâti *ad hoc*), qui prit le nom d'*Hôtel de Bourgogne*, sous lequel il devint plus tard si célèbre, les *Confrères* adressèrent une requête au Parlement à l'effet d'être investis de nouveaux priviléges. Le Parlement leur accorda ces priviléges, à l'exclusion de toute autre troupe, dont aucune ne pourrait jouer à Paris ni dans la banlieue sans leur permission. Malheureusement, la médaille eut un revers. Le Parlement leur défendit en même temps (par arrêt du 17 novembre 1548), de continuer à jouer des pièces religieuses.

Ce fut un coup terrible pour eux. Ils cherchèrent à le parer en s'emparant du répertoire de leurs trop heureux rivaux, les *Clercs de la Basoche* et les *Enfants sans-souci;* mais, peu faits pour ce genre, ils ne purent parvenir à ramener le public à eux, et, bien qu'Henri II et François II leurs eussent permis de nouveau les mystères, nous les verrons céder définitivement la place dans la troisième époque.

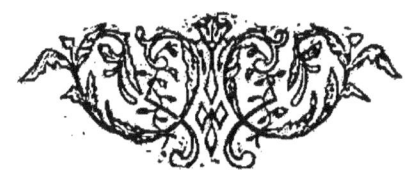

*IV. — Suite et fin des Clercs de la Basoche
et des Enfants Sans-Souci.*

REVENONS aux deux troupes qui éclipsèrent peu à peu les *Confrères de la Passion*, pour les suivre, cette fois, jusqu'au bout, puisque, traquées par l'autorité, elles ne purent aller plus loin que notre deuxième époque.

D'abord, aux *Clercs de la Basoche*.

Nous les avons laissés encore sous le coup de la condamnation d'août 1442, qui les avait envoyés passer quelques jours dans les prisons du Châtelet au pain et à l'eau. Il paraît que cet emprisonnement les rendit prudents et qu'ils cessèrent même bientôt leurs représentations. Survint alors une chose sur laquelle ils ne comptaient certainement pas : ce fut un arrêt du Parlement du 12 mai 1473, leur enjoignant de reprendre leurs jeux. Ils les reprirent ; mais ce ne fut pas pour bien longtemps. Soit que, pour se venger, ils eussent dépassé toutes les limites de la satire, soit que l'autorité du sombre et soupçonneux Louis XI ne cherchât qu'un prétexte pour se débarrasser d'eux, le 15 mai 1476, un arrêt vint leur faire défense de jouer. Ils essayèrent d'esquiver le coup, mais en vain. Jean Leveillé, leur roi, ayant osé demander l'autorisation de recommencer, une nouvelle et semblable défense leur fut faite le 19 juillet 1477.

Cette fois, ils durent se rendre. Ils restèrent muets jusqu'à l'avénement de Louis XII, qui leur rendit la parole, voulant, dit-il, connaître l'opinion publique, malgré son entourage, qui lui cachait tout, comme celui de certain chef d'Etat de notre temps. Il les autorisa même, par faveur insigne, à jouer dans la grande salle du Palais, sur la table de marbre, où se donnaient les fêtes et les festins nationaux. Les gentils compagnons le remercièrent en le mettant un des premiers en scène et en le plaisantant sur son avarice. Il ne s'en fâcha, au reste, aucunement :

« J'aime mieux, dit-il finement aux courtisans, qui durent mettre cela dans leurs poches, voir le peuple rire de mon avarice que pleurer de mes dépenses. » Cette liberté théâtrale dura tout le temps du règne de Louis XII.

Il en fut autrement sous son successeur, François Ier, « le père des lettres », comme appellent les histoires officielles celui qui proscrivit l'imprimerie sous peine de mort.

En l'honneur de son entrée à Paris, les *Clercs de la Basoche* avaient organisé à l'Hôtel de ville un spectacle composé d'une farce et de danses. Pour les en récompenser, le nouveau roi laissa le Parlement leur défendre de continuer leurs jeux, sous prétexte que le deuil de Louis XII n'était pas achevé. Il est vrai que, sur une Epître à lui adressée et rédigée par Clément Marot, un de leurs amis, le roi voulut bien se laisser toucher et les recommander au Parlement, qui leur accorda, le 1er février 1515, une gratification de 60 livres pour leur représentation de l'Hôtel de ville, en leur permettant de reprendre leurs jeux, à condition qu'ils danseraient.

Ils les reprirent dans les conditions imposées, et le Parlement, qui aimait, paraît-il, la danse, en fut si satisfait, que, le 14 mai 1521, il leur donna une seconde fois la même gratification de 60 livres, puis, une troisième fois, le 16 juin 1526, après la représentation qu'ils avaient donnée pour fêter le retour de François Ier. C'était une sorte de subvention d'environ 16 livres par an, qui ruinait d'autant moins les donateurs, que l'argent était pris sur les amendes.

Quelques années plus tard, pour éluder les arrêts qui défendaient de mettre qui que ce fût par son nom sur la scène, les Basochiens imaginèrent de jouer avec des masques représentant les traits des personnages visés, et d'ajouter des écriteaux pour donner la clé des allusions répandues dans leurs pièces; mais le Parlement ne se laissa pas prendre à cette ruse, et, par arrêt du 20 mai 1536, leur fit défense « de faire monstrations de spectacles, ni écriteaux taxant ou notant quelques personnes que ce soit, sous peine de prison et de bannissement. »

Bientôt, cependant, il leur permit « de

jouer à la table de marbre en la manière accoutumée » ; mais ils devaient lui remettre quinze jours à l'avance les manuscrits des pièces, et ne pas donner « les choses rayées » (23 janvier 1539). C'était l'établissement de la censure telle qu'elle existe encore.

Le gouvernement du « père des lettres » ne devait pas s'arrêter là. Pour une cause ou un prétexte quelconque, on leur défendit de jouer « sous peine de la hart » (1540). On ne se relâcha de cette menace qu'après un certain temps, et ce ne fut que pour arrêter encore les jeux des Basochiens, le 11 mars 1545, à propos d'une épidémie qui sévissait sur Paris, comme si la réunion des spectacles était plus contagieuse que celles, bien plus nombreuses, qui avaient lieu dans une foule d'églises, et qu'on ne songeait pas à entraver en aucune façon !

Telle est, à peu près, l'histoire des *Clercs de la Basoche,* puisque, en 1548, il n'y eut plus qu'une troupe autorisée, celle des *Confrères de la Passion.*

Passons maintenant aux *Enfants Sans-Souci.*

Nous les avons vus s'associer, vers le milieu de notre première époque, aux *Confrères de la Passion*, avec qui ils alternaient sur le théâtre de la Trinité, où leurs jeux étaient appelés par le peuple *jeux de pois pilés*. Plus heureux que leurs co-associés, dont les affaires périclitaient, et que les *Clercs de la Basoche*, dont l'existence fut sans cesse menacée, ils continuèrent tranquillement et avec succès le cours de leurs représentations. Le règne de Louis XII, avec la liberté qu'il laissa au théâtre, fut particulièrement fructueux et brillant pour eux. Ils furent même favorisés plusieurs fois de la présence du roi, qui les applaudissait dans leurs satires, « sauf l'honneur de la reine et des dames. »

Terminons ce qui concerne l'histoire de la troupe des *Enfants Sans-Souci* supprimée comme celle des *Clercs de la Basoche*, en 1548, en disant que Clément Marot en faisait partie dès sa jeunesse, et qu'il composa même une ballade en leur honneur (1512).

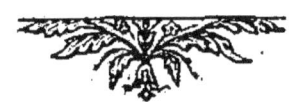

V. — *Pièces politiques et sociales.*

MAINTENANT que le décor est posé, nous allons lever la toile et faire défiler devant nous les pièces du répertoire commun des *Clercs de la Basoche* et des *Enfants Sans-Souci* dans cette deuxième époque (farces, soties et moralités, sauf les moralités religieuses, que nous avons cru devoir mêler tout simplement, plus haut, à la suite des mystères), sans parler de Gringore et de son œuvre, que nous donnerons à part, ainsi que ses principaux successeurs connus avec les leurs.

Nous ferons des trois genres deux divisions principales, comme cela nous paraît indiqué : pièces politiques et sociales et pièces de mœurs.

Commençons par les pièces politiques et

sociales, les plus importantes par leur portée.

Quoique nées dès notre première époque, comme on l'a vu, par les quatre que nous avons citées en en analysant deux, ces pièces n'étaient pas encore fort nombreuses, par suite des persécutions qui eurent lieu à cause d'elles, sous Charles VII, contre les comédiens (car, nous l'avons dit, c'est évidemment pour des compositions semblables que les *Clercs de la Basoche* furent emprisonnés en 1442), et qui se continuèrent jusqu'au règne de Louis XII, et reprirent avec François Ier; cependant, nous en avons déjà un certain choix.

Les principales sont les suivantes, rangées dans l'ordre chronologique :

Les Gens nouveaulx, qui mangent le monde et le logent de mal en pire;

Vie et histoire du mauvais riche;

L'Église et la commune;

Église, noblesse et pauvreté, qui font lessive;

Le Jeu du Capifol;

Science et asnerye, où les fonctionnaires sont particulièrement fustigés ;

Moralité de tout le monde, moquerie de la

manie de briller, informe embryon du *Bourgeois gentilhomme*, de Molière ;

Moralité des quatre âges, etc.

Parmi ces diverses pièces, nous choisirons, pour en donner l'analyse, la première et la dernière ; ce qui permettra de juger toute l'époque, d'après son commencement et sa fin.

Les *Gens nouveaulx* sont une satire contre l'avènement de Louis XI, qui, paraît-il, n'avait pas rempli les espérances que le peuple se faisait du nouveau règne.

En voici divers passages caractéristiques :

LE TIERS NOUVEAU.

Du temps passé n'avons que faire,
Ne du faict des gens anciens.
On l'a painct ou mys par histoire,
Mais, de vray, nous n'en sçavons riens.
S'ils ont bien faict, ils ont leurs biens ;
S'ils ont mal faict, aussy les maulx.
Nous allons par aultres moyens ;
Somme, nous sommes gens nouveaulx.

LE PREMIER.

Gouverner, tenir termes haulx,
Régenter à nostre appétit,
Par quelques moyens bons ou faulx :
Nous avons du temps un petit.

LE SECOND.

Les vieulx ont régné, il souffit :
Chascun doit régner à son tour.
Chascun pense de son proffit,
Car, après la nuit, vient le jour...

LE PREMIER.

Compaignons, il est nécessaire
D'aller un petit à l'esbat :
A nouveaulx gens nouvel estat.
Puisque les gens nouveaux nous sommes,
Acquérir de bruict si grand sommes,
Que partout il en soit nouvelles....

LE MONDE.

Gens nouveaulx, que venez-vous faire ?....

LE TIERS.

Nous venons pour te gouverner
Pour un temps à nostre appétit.

LE MONDE.

Vous y connaissez bien petit.
Dieu ! tant de gens m'ont gouverné
Depuis l'heure que je fus né !
En moy ne vis point l'assurance :
J'ay esté toujours en balance ;
Encore suis-je pour ceste heure...
Or, voy-je bien qu'il m'est mestier
De le porter patiemment.

Chascun tire de son cartier
Pour m'avoir, ne luy chault comment.
Vous povez bien voir clerement
Que gens nouveaulx, sans plus rien dire,
Ont bien tost et soudainement
Mis le monde de mal en pire.

Quant à la dernière, la *Moralité des quatre âges*, c'est une satire générale contre le « beau temps » de la Renaissance. Les quatre âges ou personnages sont : l'*Age d'or,* l'*Age d'Argent,* l'*Age d'airain* et l'*Age de fer.* Ils défilent l'un après l'autre sur la scène. C'est d'abord l'Age d'or, où les hommes vivaient sans soucis et sans travail. Il est chassé par l'Age d'argent, qui construit des maisons et fabrique des épées. Survient l'Age d'airain, qui entreprend d'énormes travaux, mais qui, avant de pouvoir les exécuter, est chassé, à son tour, par l'Age de fer. Celui-ci régnera par tous les moyens, bons ou mauvais. Ecoutons-le énumérer cyniquement ses odieux projets : cela nous donnera une belle idée de la société de la Renaissance, qu'il personnifie, et qui, de loin, nous paraît si brillante à la surface :

D'abord, je veux mettre en l'Eglise
Symonie et Papelardise,
Lesquelles avec avarice
Souvent feront de vertu vice.
Après, je veux que la noblesse
Plus que jamais son peuple blesse,
Pour charger tailles et impots
Dessus ses sujets et suppôts.
Après, je veux que les marchands
Soient sans foy, sans loy...
Je fais plaider le fils au père
Et le frère contre le frère,
Et la fille contre la mère.
Foy l'un à l'autre on ne tiendra :
La mère sa fille vendra...

Telles sont les deux principales des pièces politiques et sociales dont les auteurs sont restés inconnus ; mais ce n'est pas tout pour l'époque. Nous en retrouverons bientôt, avec Gringore et ses contemporains et successeurs, un certain nombre d'autres et non de moindre valeur, dont nous donnerons l'analyse.

VI. — Pièces de Mœurs.

Les pièces politiques et sociales sont vues : nous allons passer aux pièces de mœurs.

Ces pièces se subdivisent en deux genres principaux : les pièces qui roulent sur le mariage et les pièces diverses.

Nous parlerons d'abord des premières, qui sont très-nombreuses, les infortunes conjugales ayant égayé de tout temps la verve des auteurs.

En voici les principales :

L'*Obstination des femmes* ; la *Résurrection de Janin Landore*, farce ; le *Pont aux asnes*, farce ; la *farce de Calbain* ; la *farce de Cuvier* ; *Colin qui loue et despite Dieu en un moment, à cause de sa femme*, farce ; le *Fol conduit*, farce ; la *farce du Gentilhomme; le Musnier, la Musnière et les deux gentilshommes.*

Entrons dans le détail de quelques-unes.

La *farce de Colin*, mise en scène du premier conte du Pogge, est une des meilleures.

Ce Colin est un de ces maris philosophes comme il n'y en a malheureusement que trop dans tous les temps. Fatigué de travailler sans parvenir à sortir de la misère, il laisse là un beau matin sa femme et sa charrue pour aller courir le pays et chercher un meilleur sort. Son abandon laisse sa femme désolée; mais elle ne tarde pas à se consoler, témoin la scène suivante, qui ne manque pas de naturel, ni même d'une certaine façon de faire :

L'AMANT.

Dictes-moy, s'il vous plaist, comment
Vous avez le cœur si marry.

LA FEMME.

Hélas! tout mon marrissement
Est à cause de mon mary.

L'AMANT.

Pourquoy?

LA FEMME.

Sans avoir demery
En luy de riens qui mal agrée,
De moy, lasse, s'est départy,
Et si m'a seulle délaissée.

Naturellement, « l'amant » qui a « des biens assez largement », se met à son entière disposition ; la femme le remercie « humblement », mais lui déclare que « l'avoir » lui serait trop amer s'il lui faisait perdre « le trésor d'honneur ».

L'AMANT.

Aussi, de mes dits la teneur
Ne porte point d'autre intendit;
Mais toujours, sans nul déshonneur,
Vous aymer d'honneste crédit.

La femme refuse quand même et se défend assez longuement, protestant qu'elle ne sera jamais qu'à son mari; mais tout finit par s'arranger. La femme se laisse prendre un baiser en disant, comme vaincue par l'amour :

Plus ne puis faire le cueur sourt.
A vostre veuil suis désormais,
Vous priant, s'autre chose y court,
Que ne m'abandonnez jamais.

L'amant jure tout ce qu'elle veut et ajoute, en lui passant au doigt un anneau :

> Prenez en gré ce petit don
> De vingt escus que je vous baille,
> Et de Colin, le bon prudom,
> Vostre mary, plus ne vous chaille.

Bref, touchée sans doute par « ce petit don », la femme se rend tout entière. « Mon bon seigneur, dit-elle,

> Mon bon seigneur, comment qu'il aille,
> Je vous pry que me venez voir
> En ma chambre, et, quoy qu'on raille,
> Envers vous ferez mon devoir.

Cependant « pierre qui roule n'amasse pas mousse », dit le proverbe. Il se vérifie surtout pour Colin, qui revient à la maison plus pauvre que devant. Sa femme, qui ne serait pas fâchée qu'il repartît, maintenant qu'elle est pourvue ailleurs, lui sert du pain bis et de l'eau, comme si elle en était réduite là elle-même ; mais un coup-d'œil a suffi, en entrant, au malin paysan pour juger du changement avantageux qui s'est opéré, pendant son absence, dans le mobilier du ménage et les vêtements de sa femme. Il sourit à la vue du piteux repas qu'elle lui offre et lui demande s'il n'y aurait pas moyen d'avoir du jambon et du bon vin. La ménagère, qui le croit alors au courant de tout, lui sert un véritable festin pour tâcher de l'apaiser. Colin y fait largement honneur ; puis, se levant et paraissant remarquer pour la première fois les belles choses qu'il voit autour de lui : « D'où vient ceci ? d'où vient cela ? demande-t-il à sa femme avec une feinte naïveté. — De la grâce de Dieu, répond-elle. — Vraiment ! reprend le mari, faisant toujours le bon apôtre. Et à quel jeu avez-vous gagné tout cela ? — C'est la grâce de Dieu ! » répond encore ingénûment la femme. Colin accepte l'explication et remercie Dieu. Mais ce n'est pas tout. En continuant sa revue, Colin découvre bientôt un berceau et dedans un enfant. « A qui donc cet enfant ? dit-il avec étonnement en se trouvant ainsi père sans le savoir. — A moi, répond la femme. — Voilà merveilles ! Et de qui donc le tenez-vous ? — De la grâce de Dieu. » Pour le coup, Colin trouve que la grâce de Dieu est allée un peu loin dans ses dons. Il se fâche ou plutôt fait semblant de se fâcher. Mais cela ne dure pas. Sa femme lui reproche son ingratitude et l'engage à se tenir bien heureux de toutes les bénédictions qui sont tombées sur sa maison, et il s'empresse de suivre ce conseil sans trop se faire prier.

Voilà pour le mari complaisant ; voici maintenant pour le mari qui se venge, et avec d'autant plus de plaisir que c'est une revanche de vilain à un gentilhomme.

La pièce dont nous voulons parler, la *Farce du Gentilhomme,* est évidemment inspirée par la quatrième des *Cent nouvelles nouvelles.* Elle a quatre personnages : le gentilhomme ; Naudet ; la damoyselle ; Lison. Le gentilhomme est l'amant de Lison, la femme de Naudet. Celui-ci le sait ; mais, se réservant une vengeance particulière, il laisse aller les choses et fait même contre fortune bon cœur, pressant sa femme de faire déjeûner le gentilhomme, qui vient d'arriver, pendant que lui se retire discrètement, sous prétexte d'aller faire boire le cheval qui l'a amené. Cependant, il revient trop tôt, peut-être malicieusement. Le gentilhomme le fait rafraîchir, mais, pour s'en débarrasser, il l'envoie porter une lettre à la « damoyselle », sa femme. Naudet va profiter de l'occasion pour payer le gentilhomme, s'il le peut. Il monte à cheval, arrive au château, et conte carrément à la « damoyselle » comment son mari est avec Lison. Son but est d'amener la femme du gentilhomme à se venger avec lui à la façon dont se vengent les femmes des maris infidèles : il réussit et la « damoyselle » trouve même qu'un vilain vaut bien un seigneur dans certaines occasions. Survient le gentilhomme, de retour d'avec Lison. Pour que sa vengeance soit complète, Naudet lui apprend, sans plus de façons, comment il l'a remplacé auprès de la « damoyselle » pendant qu'il l'était par lui auprès de Lison.

Voici la fin et la morale de cette farce, dont certains passages sont assez lestes (1) : c'est Naudet qui parle en guoguenardant :

(1). Un grand nombre de pièces de nos trois premières époques ne peuvent pas même être analysées.

Ma foy, monsieur, sans trahison,
Je ne vous donnerais pas un pet
Pour estre monsieur ou Naudet.
Mais il n'est pas bon d'estre ensemble,
Naudet et monsieur, ce me semble.
Ce vous serait grant deshonneur
Qu'on fist ung Naudet de monsieur.
Quand de Naudet tiendrés le lieu,
Naudet serez, monsieur, par Dieu !
Gardez donc vostre seigneurie
Et Naudet sa naudeterie.
Se tenez Lison, ma fumelle,
Naudet tiendra ma damoyselle.
Ne venez plus naudetiser,
Je n'irai plus seigneuriser.
Chacun à ce qu'il a se tienne,
Et, affin qu'il vous en souvienne,
Croyez-moy qu'il fault, mon amy,
A trompeur, trompeur et demi...

Nous arrivons enfin aux pièces diverses, ou, suivant une énumération du temps, « joyeuses, historiques, fabuleuses, enfarinées, morales, récréatives, facétieuses, badines » et autres.

Commençons par les deux pièces si comiques de François Villon : le *Monologue du Franc-Archier de Baignolet* (après 1465) et le

Dialogue de Mallepaye et de Baillevent (vers 1480).

La première est une satire des plus comiques contre la milice des francs-archers, instituée par Charles VII en 1448, et une allusion au siége de Paris par les Bourguignons en 1465. Le héros Perrenet, aussi vantard que couard, arrive en appelant quiconque au combat, et il entonne la série bouffonne de ses prétendus exploits. Puis, ayant entendu un « cocquericoq » : « Or ça! dit-il dans son immense vaillance,

> Or ça, ça, par où assauldray-je
> Ce coq que j'ay ouy chanter?
> A peu besongner bien vanter :
> Il fault assaillir cest hostel.

(Adonc apperçoit le Franc-archier un espoventail de chenevière, faict en façon d'un gendarme, croix blanche devant et croix noire derrière, en sa main tenant un arbaleste.)

Le pourfendeur en est du coup tout « affaibly », et supplie l' « espoventail » :

> Ha ! Monseigneur, pour Dieu, mercy !
> Hault le trait, qu'aye la vie franche !
> Je voys bien, à vostre croix blanche,
> Que nous sommes tout d'un party.

Pas de chance ! tout à coup, il « advise sa croix noire » :

> Par le sangbieu ! c'est ung breton,
> Et je dy que je suy françoys !
> Il est fait de toy, ceste foys,
> Perrenet : c'est un party contraire !

Il essaie d'arranger les choses, en brave qu'il est :

> Hen, Dieu ! et où voulez-vous traire ?
> Vous ne scavez que vous faictes.
> Dea ! je suy breton si vous l'estes.
> Vive sainct Denys ou sainct Yve !
> Ne m'en chault, mais que je vive !

Bref, le gendarme ne relevant pas son arme, et pour cause, le franc-archer, autant pour toucher le cœur de son ennemi et gagner du temps, que pour se préparer à la mort, s'il lui faut absolument la subir, fait sa confession, commandement par commandement, et dicte même son épitaphe. Mais voilà que l'épouvantail tombe et que Perrenet s'aperçoit « que ce n'est pas ung homme ». Changement de front subit : le brave reparaît. « Par le corps bieu ! s'écrie-t-il,

...J'en ay pour une !
Il n'a pié ni main ; il ne hobe :
Par le corps bieu ! c'est une robe,
Plaine... de quoy ? charbieu ! de paille !
Qu'esse-cy ? morbieu ! on se raille,
Ce cuidoy-je, des gens de guerre !
Que la fièvre quartaine serre
Celuy qui vous a mis ici !
Je le feray le plus marry,
Par la vertu bieu ! qu'il fut oncques.

Et maître Perrenet emporte triomphalement l'épouvantail, digne objet de sa victoire.

Quant au *Dialogue de Mallepaye et Baillevent*, c'est une curieuse et amusante doléance de deux aventuriers, aussi braves que le franc-archer et cherchant aventure, avec les allusions les plus malignes. En voici un passage, qui en donnera une idée :

MALLEPAYE.

Officiers, quoy ? C'est toute moque :
L'ung pourchasse, l'autre desroque,
Et semble que tout soit pour eulx.

BAILLEVENT.

Laissons-les là.

MALLEPAYE.

Ho ! je n'y toque :
Il n'est point de pire défroque
Que de malheur à malheureux.

BAILLEVENT.

Pour despourveuz adventureux
Comme nous, encor c'est le mieulx
De faire l'ost et les gendarmes.

MALLEPAYE.

En fuite, je suys couraigeux.

BAILLEVENT.

Et à frapper ?

MALLEPAYE.

Je suis piteux :
Je crains trop les coups pour les armes.

BAILLEVENT.

Servons donc cordeliers ou carmes
Et prenons leurs bissacs à fermes,
Car il n'y a pas grand débit

MALLEPAYE.

Ils nous prescheroient en beaux termes
Et pleureroient maintes larmes
Devant que nous prinssions l'habit.

Parmi les autres pièces diverses, on compte particulièrement :

La *Farce de la Pipée* ; la *Farce du Pont aux Asnes* ; la *Farce du Musnier.* (1490) ; la *Moralité des deux savetiers* (1505) ; la *Farce du Cousturier* ; la *Farce de Mimin* ; la *Confession de Margot*, farce ; *le Bateleur*, farce ; *Tout, rien et chascun*, farce ; *le Chauldronnier*, farce ; *le Goutteux*, farce ; *le Vieil et le Jeune amoureux*, farce ; *la Mère et la fille* ; *les Béguins*, sottie ; *le Monde*, sottie ; *les Trois Pélerins*, farce morale ; *le Maistre d'Ecole* ; *les Théologastres* ; *les Sabres-sots*.

Nous donnerons l'analyse de trois de ces pièces, en les prenant dans un genre différent.

Voici d'abord la *Farce du Musnier*, qui est d'un comique tout populaire :

Un meûnier est à l'agonie. Sa femme en profite pour se venger de tout ce qu'elle prétend avoir souffert avec lui : comme soins, elle le bourre et l'accable de reproches et d'imprécations, et, pour comble, reçoit devant lui son amant, qui est le curé, déguisé en laïque et se faisant passer pour un cousin.

Quoique le meûnier sache fort bien à quoi s'en tenir des amours de sa femme et de ce déguisement, non-seulement il fait bon accueil au faux cousin, mais encore en homme habile, il prie sa femme de lui donner à dîner ; ce qu'elle eût fait sans sa permission. La femme et l'amant se mettent à table, sous les yeux du mourant, qui continue à faire contre fortune bon cœur.

« Si c'était notre curé, dit-il plaisamment, je n'aurais pas tant prié ma femme de le bien recevoir. — Pourquoi ? demande le curé déguisé.

LE MUSNIER.

...Vous sçavez comment
Ces prêtres sont adventureux !
Et nostre curé mesmement
Est fort de ma femme amoureux ;
De quoy j'ai le cueur douloureux
Et remply de proplexité,
Car coqu je suys, malheureux,
Bien le sçay.

LE CURÉ.

Benedicite !

Cependant, le meûnier demandant un

confesseur, le faux cousin sort un instant et revient sous son véritable costume, et, pendant qu'un jeune diable nommé Bérith se « musse » sous le lit avec un sac pour emporter l'âme du mourant, la confession commence, confession digne du pénitent, qui s'accuse de quantité de tromperies dans son état, surtout d'avoir pris

Toujours d'un sac doubles moustures.

Tout à coup, le meûnier sent certain besoin impératif : il se met en devoir d'y satisfaire, et le jeune Bérith, croyant que c'est le moment, tend son sac, et l'opération faite, se sauve avec ce qu'il contient. On peut juger de sa réception en enfer quand on ouvre le sac pour en retirer l'âme du meûnier ! Battu pour toute sa peine, il s'écrie piteusement en demandant grâce à Lucifer :

...Jamais n'apporteroy ci
Ame de musnier ni musnière !

— Tu feras bien, dit Lucifer, et je défends que

Désormais l'ame ne procure
De musnier estre icy ravie,
Car ce n'est que bran et ordure !

On le voit, cette farce est dirigée particulièrement contre les meûniers, qui, déjà, paraît-il, méritaient la réputation qu'ils ont gardée, et, incidemment, contre la débauche du clergé, qu'ici le mari subit, mais que les *Cent nouvelles nouvelles* nous montrent souvent punie. Le plus curieux dans le rôle du curé, c'est que la pièce fut représentée à Seurre, en Bourgogne, en octobre 1496, devant une assemblée présidée par un prêtre.

Pour varier, donnons maintenant une moralité, celle de *La Mère et la fille*, qui date du règne de François Ier.

Contrairement à l'habitude des moralités, les personnages en sont pris à l'histoire romaine, probablement d'après Valère-Maxime, qui raconte l'événement au livre des *Actions et paroles mémorables*.

Une femme est condamnée à avoir la tête tranchée. L'histoire n'apprend pas pour quel crime ; mais l'auteur en fait une trahison contre Rome ; ce qui témoigne chez lui d'un certain sens du théâtre, cette odieuse trahison expliquant la terrible expiation sans rendre la criminelle odieuse. Par ses supplications et ses larmes, la fille de cette malheureuse lui obtient la faveur qu'on la laissera mourir de faim dans une prison, si c'est une faveur de voir remplacer pour elle une mort prompte par une longue et douloureuse agonie.

Pour tout adoucissement à cette agonie, le consul (Oracius dans la pièce) lui permet de recevoir la visite de sa fille. Or, celle-ci est mère elle-même et nourrit un jeune enfant. Inspirée par les circonstances, elle donne chaque jour son sein à sa mère et la soustrait ainsi au sort qui lui était réservé. Bientôt, tout se découvre ; mais, touché par un tel dévouement, le consul fait grâce à la condamnée et la rend à celle qui l'a sauvée.

Ce dévouement, que tout le monde connaît pour l'avoir au moins lu dans la *Morale en action*, inspire à l'auteur une sorte de petite tragédie, qui, pour être naïve, n'en est pas moins touchante. On en jugera par ce passage où la fille supplie le consul de laisser la vie à sa mère en lui permettant de partager son « martyre » :

> Puisque voulez descapiter
> Ma mère, je requier, chier sire,
> Affin la besogne assouffise,
> C'est que sentence sera muée,
> Et que j'aye part au martyre
> En quoy ma mère est condamnée.
> Quelle ayt une jambe couppée
> Et moy une, je le veulx bien ;
> Puis, sa langue lui soit ostée
> Et la mienne par tel moyen.
> Pour la délivrer du lyen
> De la mort, tranchez-moy les bras ;
> Car s'elle meurt, je congnoy bien
> Que jamais je n'auroy soulas.

Voici enfin pour terminer, la *Sotie des Béguins* qui fut jouée à Genève, place du Molard, le dimanche de la fête des Bordes de 1523, par une troupe s'intitulant les *enfants de Bontemps*, et qui est une allusion évidente aux démêlés de la ville avec le duc de Savoie, démêlés où la ville eût le dessus par sa résistance soutenue, préludant ainsi à son adhésion complète aux idées de la Réforme.

Mère Folie ouvre la pièce en paraissant en

habit de deuil et en déplorant la mort de son mari *Bontemps*, allégorie assez claire du triste changement qui s'était opéré dans l'état des choses. Cependant, arrive un courrier de Bontemps, qui n'est pas mort, mais seulement bien malade et lui écrit une lettre datée de « deux lieues près de paradis. » Joie de Mère Folie, qui répond à Bontemps de revenir, tout en ne se pressant pas, et pour cause! « Notre père et seule espérance, lui dit-elle tristement dans sa réponse,

> Depuis le temps que partistes d'icy
> Joué n'avons moralité, histoire...
> Cartes ni dez, cela est tout notoire,
> N'avoyent ici de cours publiquement.

En attendant le retour de Bontemps, et pour se preparer à lui faire fête, ses enfants veulent revêtir de nouveau leurs chaperons de folie, pour reprendre le jeu d'autrefois. Malheureusement, ces chaperons, dont on n'espérait plus jamais se servir, les femmes en ont fait des *braies* ou culottes pour leurs maris. On s'en passera ; mais il leur faut bien au moins des *béguins* pour se coiffer : ce qui suffira, à la rigueur, pour faire reconnaître les membres de la joyeuse société. Comment en trouver ? Mère Folie a une inspiration : elle sacrifie sa chemise pour en faire. Que ne donnerait pas une mère pour ses enfants ? Enchanté de l'idée, chacun se précipite sur l'objet sacrifié, coupant et taillant. Hélas ! si ce n'est pas la bonne volonté de la mère qui manque, c'est l'étoffe. A presque tous il manque une oreille, ce qui est grave. L'un deux Gaudefroy, à qui c'est la droite qui fait défaut, déclare même carrément qu'il ne jouera pas ainsi ; ce qui veut, sans doute, dire qu'il y aurait du danger à jouer, la bonne oreille du public n'étant pas pour eux. Finalement, on convient qu'on attendra le retour de Bontemps, et on répète à la ronde, pour se consoler :

Beuvons tant que le fût en faille !
Beuvons en attendant Bontemps !

VII. — *Gringore*.

Au XVe siècle, Villon fut le personnage capital du théâtre, comme de la poésie; Gringore fut celui qui personnifia le théâtre du commencement du XVIe siècle, avant la tentative de renaissance antique d'Etienne Jodelle. C'est pourquoi nous allons étudier ici l'homme et ses œuvres, malgré la magnifique résurrection qu'en a faite notre Shakespeare français dans son admirable livre de *Notre-Dame de Paris*, où, d'ailleurs, le faiseur de moralités est appelé — à tort — *Gringoire* et vieilli de plus de vingt ans.

Pierre Gringore, dit Vaudemont, né en Normandie, suivant quelques-uns, en Lorraine, selon la plupart, et c'est la version la plus vraisemblable, entre 1475 et 1480, et mort vers 1544 à la cour du duc de Lorraine, dont il était hérault, vint de bonne heure à Paris, où il s'occupa de diverses compositions. Il publia des ouvrages de piété : *le Blason des hérétiques* etc.; des poèmes moraux : *le Château de Lebour*, etc.; des pamphlets politiques : *l'Espoir de paix*, contre Jules II, etc.; mais son théâtre reste son œuvre capitale et celle où il put le mieux faire sentir son genre d'esprit, à la fois lourd et fin, croyant et sceptique, louangeur et frondeur, qui est comme la singulière transition du Moyen age à la Renaissance. Bientôt célèbre par ses pièces et devenu *Mère Sotte*, c'est-à-dire le second personnage de la principauté des *Sots* ou *Enfants Sans-Souci*, il s'associa à Jehan Marchand, « charpentier de la grande coignée, » pour l'entreprise des représentations officielles et en devint dès-lors comme le fournisseur breveté.

Il nous reste de lui un certain nombre de farces, soties et moralités. Nous en citerons seulement quelques unes en passant, par exemple : *Fantaisies de Mère Sotte* (1516); *Menus-propos de Mère Sotte* (1521); *Testament de*

Lucifer (1521); *le Mystère de Saint-Louis* (1541), composition qui ne manque ni d'élévation ni de grandeur et qui semble comme une tragédie de l'enfance de l'art.

Quant aux trois pièces qu'il fit jouer le mardi gras de l'an 1511, aux Halles, lieu ordinaire des spectacles des *Enfants Sans-Souci*, et qui sont : une sotie, le *Jeu du prince des Sots et Mère Sotte;* une moralité, l'*Homme obstiné*, et une farce, *Dire et Faire*, nous profiterons de leur réunion pour les analyser ; ce qui donnera une idée du talent de l'auteur dans ces trois genres divers.

Voici d'abord, comme curiosité, *le Cri* qu'écrivit l'auteur et qu'il fit débiter par les carrefours pour annoncer le spectacle :

> Sots lunatiques, sots étourdis, sots sages,
> Sots de villes, sots de châteaux, de villages,
> Sots rassotis, sots niais, sots subtiles,
> Sots amoureux, sots privés, sots sauvages,
> Sots vieux, nouveaux et sots de toutes ages,
> Sots barbares, estranges et gentils,
> Sots raisonnables, sots pervers, sots restifs,
> Vostre prince, sans nulles intervalles,
> Le mardi gras joüera ses jeux aux Halles.

Sottes dames et sottes damoiselles,
Sottes vieilles, sottes jeunes et nouvelles,
Toutes sottes aymant le masculin,
Sottes hardies, couardes, laides et belles,
Sottes frisques, sottes doulces et rebelles,
Sottes qui veulent avoir leur picotin,
Sottes trottant sur pavé, sur chemin,
Sottes rouges, maigres, grasses et pasles,
Le mardi gras joüera le prince aux Halles.
Sots yvrognes aimant les bons lopins,
Sots qui aiment jeux, tavernes, esbatz,
Tous sots jalloux, sots gardant les potées,
Sots qui faictes aux dames des choux gras,
Admenez y sosts lavez et sots sales :
Le mardi gras joüera le prince aux Halles.
Mère Sotte (1) semond toutes ses sottes :
N'y faillez pas y venir, bigottes,
Car en secret faictes de bonnes chières ;
Sottes gayes, délicates, mignottes,
Sottes qui estes aux hommes familières,
Montrez-vous forts doulces et cordialles :
Le mardi gras joüera le prince aux Halles.
Fait et donné, buvant à plains pots,
Par le prince des sots et ses suppots.

Maintenant, à sa sotie, *le jeu du Prince des Sots et Mère Sotte* qui, suivant l'habitude, fut

-(1) C'était l'auteur lui-même, c'est-à-dire Gringore.

jouée en lever de rideau, et qui passe pour le chef-d'œuvre de Gringore.

C'est la mise en scène satirique d'une assemblée *des Sots*, où l'auteur tombe à bras raccourcis sur le clergé, qui le méritait bien, paraît-il. Le prince son chef s'informe successivement de l'état de ses sujets. « Seigneur, répond le premier sot,

> Nos prélats ne sont point ingrats,
> Quelque chose qu'en en babille :
> Ils ont fait durant les jours gras
> Bouquets, beignets et tels fracas
> Aux mignonnes de ceste ville !..

L'ABBÉ DE FREVAULX.

Par-devant vous veuil comparoistre :
J'ay despendu, notez cela,
Et mangé par ci, par là,
Tout le revenu de mon cloistre.

LE PRINCE.

Vos moyens ?

L'ABBÉ.

Hé ! ils doivent estre
Par les champs pour se pourchasser.
Bien souvent, quand cuident repoistre,
Ils ne sçavent les dents où mettre,
Et sans souper s'en vont coucher.

A ce moment, arrive Sotte commune, qui se plaint de dépérir de jour en jour, parce que l'église lui enlève tout son bien. A son tour, paraît « Mère Sotte » habillée par dessous en Mère Sotte et par dessus « en habit ainsi comme l'église, » qui déclare secrètement à ses deux confidentes, Sotte occasion et Sotte défiance, qu'elle veut s'emparer du temporel des princes. Celle-ci se met à sa disposition, se vantant d'éblouir le peuple par des promesses, qui ne vous engageront guère, ajoute-t-elle, car

> On dit que vous n'avez point de honte
> De rompre vostre foy promise.

SOTTE OCCASION.

> Ingratitude vous surmonte :
> De promesse ne tenez compte,
> Non plus que boursiers de Venise.

Cette vérité dite, Sotte occasion ne dissimule pas à Mère Sotte que son entreprise est fort difficile. « N'importe ! réplique Mère Sotte ; d'ailleurs, je ne puis faire autrement, car un médecin juif très-habile m'a prédit que

> Aussitôt que je cesseroy
> D'estre perverse, je mourray. »

Ajoutant « que la bonne foy, c'est le vieux jeu », elle tâche de séduire les sujets du prince des sots. C'est en vain que Plate-Bource lui conseille de ne pas se mêler du temporel : « Nous voulons jouir du temporel, dit Mère Sotte. Vous ne comprenez pas vos intérêts reprend-elle; ne devez-vous pas avoir part à mes dignités, dont je dispose à ma fantaisie? — Nous seront trestous cardinaux, ajoute l'abbé de Frevaulx son bras droit, en appuyant sur la chantrelle.

Malgré ces belles promesses, les sujets du prince des sots gardent la fidélité à leur souverain, sauf le seigneur de la Lune. Finalement, les deux partis contraires ont recours au sort des armes : « Icy se fait une bataille de prélatz et princes. » Cette bataille se termine, sans morts ni blessures, par la confusion de Mère Sotte et de ses deux confidentes, qu'on reconnaît pour ce qu'elles sont en découvrant leurs robes.

Telle est cette sotie, assez osée pour le temps et qui a certainement en vue les entreprises du pape batailleur Jules II contre la France.

La *Moralité de l'homme obstiné*, qui fit le milieu du spectacle, traite de mêmes questions, sous le voile transparent de l'allégorie.

Elle commence par une dispute entre le peuple français et le peuple « italique. » Chacun se plaint du triste résultat de la guerre qui les divise. Si l'on pouvait convertir l'*homme obstiné* qui en est l'auteur ! Mais non : c'est en vain qu'on le prêche ; c'est en vain même que *Pugnicion divine* le menace. Arrivent en ce moment *Simonie*, qui vante son pouvoir chez les deux nations, et *Ypocrisie*, qui lui prête secours. *Pugnicion divine* n'en reprend que de plus belle ses conseils et ses menaces, mais sans plus de résultat, chacun des deux peuples voulant avoir raison. Enfin, le défilé des *Démérites* parvient à leur faire entendre raison, et tous deux, se reconnaissant dans ce défilé, avouent leurs fautes respectives et se convertissent. Seul, l'*homme obstiné* (évidemment Jules II) persiste ; mais on tâchera de rétablir la paix malgré lui. La pièce se termine par ce conseil hardi aux principautés italiennes contre la papauté.

Quant à la troisième pièce, c'est-à-dire à

la *farce de Dire et faire*, qui termina joyeusement le spectacle, comme il était d'habitude, c'est une querelle de ménage pour des raisons et sous une équivoque des plus claires.

Doublette, femme de Raoullet Ployart (ce nom parle déjà assez contre lui), vigneron âgé, se plaint qu'il laisse ses vignes en friche, faute de les façonner. Le mari cependant trouve qu'il fait son devoir. « Ah! bien, dit-il,

> Qui la vouldroie
> Servir à son gré, il fauldroit
> Hoüer la vigne jour et nuit!

Là-dessus, le pauvre Ployart s'étant retiré, arrivent deux ouvriers, *Dire* et *Faire*. Doublette s'adresse d'abord au premier; mais, voyant bientôt que tout son mérite consiste à *dire*, elle le chasse, et passe à *Faire*, qui sans mot dire, exécute la besogne à son contentement. Il paraît même qu'il s'y complaît par trop; car le mari, étant revenu assez mal à propos, le surprend presque besognant. Le bonhomme, qui ne se soucie pas que sa femme lui donne aucun aide, se fâche tout rouge et porte plainte contre elle devant le seigneur de Valletreu ; mais, naturellement, celui-ci donne gain de cause à Doublette, donnant ainsi, et c'est la morale de l'histoire, tort à tous les vignerons qui prennent une vigne trop jeune, et demandant plus de soins qu'ils ne peuvent lui en donner.

VIII. — Les Contemporains et les successeurs de Gringore.

BIEN que Gringore fût un des auteurs les plus populaires du commencement du XVIe siècle, quelque chose comme le Dennery du temps, cela n'empêcha pas ses contemporains et ses successeurs d'avoir quelquefois une valeur égale à la sienne. C'est ce que nous allons voir en passant en revuë les principaux d'entre eux qui sont connus et qui ont composé autre chose que des mystères ou des moralités religieuses.

Le premier en date est André de la Vigne. Né à la Rochelle, vers 1450, et mort avant 1504, il fut d'abord secrétaire du duc de Savoie; puis, après avoir eu le même emploi auprès du duc de Bretagne, il devint « facteur » (c'est-à-dire poète et historiographe) de Charles VIII, qu'il accompagna en Italie et à qui il présenta au retour le *Journal de l'entreprise et voyage de Naples*.

Ayant perdu ses fonctions à la mort de ce roi, il se fit entrepreneur de spectacles et écrivit d'abord un *Mystère de Saint Martin*, représenté avec succès à Seurre, en Bourgogne, en octobre 1496, à l'abbaye portant le nom de ce Saint (1). Bientôt, il donna une sorte de suite comique à ce mystère : *la Moralité de l'Aveugle et du Boiteux*.

C'est l'histoire de deux drôles qui sont guéris, malgré eux, de leurs infirmités par la vertu de saint Martin, et qui n'en sont pas plus contents pour cela ; car comment feront-ils pour vivre maintenant qu'il leur a enlevé leur gagne-pain ? Il se consolent cependant en se disant que, s'ils ne sont plus aveugles ni boiteux, rien ne les empêche de le paraître : il y

---

(1) Il y avait parmi les acteurs Estienne Bossuet et son frère, tous deux de la famille de « l'aigle de Meaux », qui devait oser s'écrier plus tard, sur le corps à peine refroidi de Molière : « Malheur à ceux qui rient ; car ils pleureront ! »

a tant de moyen pour cela ! Ecoutez le boiteux pour vous en convaincre :

> Car je vous dis bien que encore sçay-je
> La grand pratique et aussi l'art,
> Par onguement et par herbaige,
> Combien que soye miste et gaillard,
> Que huy ou dira que ma jambe art
> Du cruel mal de Sainct Anthoine.
> Reluysant seroit plus que l'art :
> A ce faire je suys ydoyne.

Cette pièce contenait des passages mis en musique par l'auteur lui-même et qui étaient chantés. Avec le *Jeu de Robin et de Marion* (d'Adam de la Halle), dont nous avons parlé en son temps (XIIIe siècle), elle est donc l'origine de notre opéra comique.

Celui qui vient après est Pierre Taserye. Tout ce qu'on sait de lui, c'est qu'il était de la famille et peut-être le fils de Guillaume Taserye auteur du *Triomphe des Normands*, moralité religieuse que nous avons citée précédemment. Il a laissé une pièce appelée le *Pèlerin passant*. C'est un simple monologue, mais assez curieux à cause des allusions. Ce pèlerin en quête d'un gîte, passe en revue toutes les grandes maisons de France, sous le voile de l'allégorie. Il se présente d'abord à *l'Ecu de France*, c'est-à-dire au Louvre, chez le roi; de là, il va à *l'Ecu de Bretagne*, ou palais des Tournelles, où demeurait la reine Anne de Bretagne; puis, au *Chapeau rouge*, ou hôtel du cardinal-ministre Georges d'Amboise; puis, *à l'Ecu d'Alençon, au Dauphin*, etc., etc. Naturellement, dans cette revue, il profite de l'occasion pour dire ce qu'il pense des personnages et avec une franchise assez amère pour ceux-ci, témoin ce qu'il dit de la reine :

> Mais on dit qu'el' ne fait de biens
> Sinon aux gens de son pays.
> Qui soyt ainsi je n'en sçays rien;
> Mais à quelque un dire l'ouys.
> Voilà pourquoy le lieu fouys,
> Sans en faire nules aproches,
> Piteux comme un fondeur de cloches.

Le troisième est Roger de Collerye. Né à Paris vers 1470, il se fit prêtre et était secrétaire de l'évêque d'Auxerre, Jean Baillet, en 1494, et du successeur de celui-ci en 1531, et, en même temps, président de la société des fous d'Auxerre, c'est-à-dire quelque chose comme un entrepreneur de spectacles. Outre différentes poésies qui nous sont parvenues, il a laissé une *Moralité du Résolu*. C'est un monologue plein de de souffle et de verve, où le héros raconte une assez gaillarde entreprise d'amoureux qui ne lui donne d'abord que des ennuis. En voici la fin, où il arrive à ses vœux :

> Elle me dit en se baissant :
> « Vous estes léal amoureux.
> — Hélas ! voire, mais malheureux,
> Se vous me faillez au besoin.
> — A ung tel mignon plantureux,
> Résolu et avantureux,
> Je ne veulx faillir près ne loing. »

La morale de ce monologue est évidemment qu'en toute chose il faut de la persévérance pour réussir.

Passons à Nicolas de la Chénaye. Tout ce qu'on sait de lui, c'est qu'il était professeur de droit civil et de droit canon. Quant à ses œuvres littéraires, il donna d'abord *la Nef de santé et le Gouvernail du corps humain*, deux traités médico-moraux en prose ; puis, vers

1540, *la Condamnation de Bancquet*, moralité dans le même genre ; ce qui indiquerait, à la fois, que ses contemporains étaient fortement « portés sur leur bouche » et qu'il s'était mis sérieusement en tête l'idée de les corriger.

Voici une courte analyse de cette moralité :

Des compagnons de merveilleux appétit et de soif inextinguible : *Je bois-à-vous*, etc., se proposent de se faire payer un vrai festin de roi par *Disner*. Il s'en donnent plus que de raison ; cependant, les maladies qui les guettaient, *Apoplexie*, *Pleurésie*, etc., ne croient pas devoir les arrêter, de peur de ne pas être les plus fortes. Ils peuvent donc se rendre bientôt à l'invitation de *Souper*. Cette fois, ils se mettent dans un tel état, que leurs ennemis en font bon marché et ne les laissent que daubés en conscience. Il paraît que cela ne leur suffit pas. Prenant à peine le temps de dissimuler leurs blessures, ils courent chez Banquet, qui leur a tendu un guet-apens, à force de bonnes choses. Pour le coup, quatre des viveurs tombent à motié morts. *Bonne Compagnie* seule a échappé. Par compassion pour ses compagnons, elle va dénoncer à *Expérience* l'action félonne de *Banquet*, qui s'était joint à leurs ennemis. Des juges *ad hoc* s'assemblent, Hippocrate, Galien, Avicenne, etc., etc., et un arrêt est prononcé, qui condamne *Banquet* a être pendu (et de là le titre de la pièce) après bonne confession et sincère repentir, et *Souper*, englobé dans l'accusation au cours du procès, à porter des anneaux de plomb aux poignets et à ne pas s'approcher de *Disner* plus près de six lieues (c'est-à-dire six heures).

Cette pièce, qui est beaucoup plus longue qu'on ne les faisait d'habitude, et dont la morale hygiénique est assez claire, se termine par le rondeau suivant :

> A l'hostel du trompeux Bancquet
> Et en celluy du long soupper,
> Souvent viennent grand coup frapper,
> Sur plusieurs, après long caquet,
> Les maladies qui font le guet,
> Pour soudainement les happer.
>
> En l'hostel de ce faulx Bancquet
> Il n'y a Georges ne Marquet
> Qui d'elle se sçache eschapper,
> Sans aucun mal, ni destrapper,

Battus jusqu'au dernier hoquet.
En l'hostel de ce faulx Bancquet.

Arrivons maintenant à Barthélemy Aneau. Né à Bourges, vers 1500, et nommé, en 1542, principal du Collége de Lyon que les échevins venaient de fonder dans cette ville, il fut assassiné, le 12 juin 1561, par la populace ameutée, qui l'accusait sans raison d'avoir lancé la pierre partie d'une fenêtre du collége contre le prêtre faisant la procession de la fête-dieu et portant l'ostensoir.

Outre *le Mystère de la Nativité* (avec musique sur l'air de différentes chansons populaires) que nous avons eu l'occasion d'indiquer à notre liste des mystères, il a écrit une moralité politique, satire des événements du temps, *Lyon marchant*, qui fut jouée dans la ville même de Lyon en 1541. En voici, suivant l'imprimé, le titre exact, qui donnera une idée du contenu :

Lyon marchant, satyre françoise sur la comparaison de Paris, Roüen, Lyon, Orléans, et sur les choses mémorables depuis l'an 1524, sous allégories et enigmes, par personnages mystiques. — Lyon 1542, in-12.

Nous n'entrerons pas dans l'analyse détaillée de cette pièce; nous dirons seulement qu'elle se termine par une dispute entre Paris, Lyon et Orléans. Ce jugement est en forme de ballade, dont voici l'envoi :

> Prince, je dy (je, qui suis mérité)
> Que nul ne soit de nos dictz irrité,
> En les prenant en quelque sens méchant,
> Car tous trois ont grand honneur mérité ;
> Mais devant tous est le *Lyon marchant*.

Terminons par Jehan d'Abundance, né au Pont Saint-Esprit, où il devint notaire. Nous avons cité plusieurs mystères et moralités religieuses de sa composition. Nous allons parler ici de sa *Farce de la Cornette*, qui rappelle le genre des Enfants de la Basoche, dont il avait fait partie.

Cette farce a cinq personnages : le mari, la femme, Finet « le varlet » et deux neveux du mari. A l'ouverture, Finet rend compte à la femme d'un message dont elle l'a chargé auprès d'un amant.

LA FEMME.
Que dit-il ?

FINET.

Il se maudit.
Au cas qu'il ne vous aime plus
Que luy-mesme.

LA FEMME.

Au surplus ?

FINET.

Qu'en tout temps il vous servira
Et fera ce qu'il vous plaira...

LA FEMME.

Ton maistre n'est-il point jaloux,
A ton advis ?

FINET.

Je crois que non.
Posé qu'ayez mauvais renom,
Pas n'entends que lui faictes tort.

LA FEMME.

Il a fié en moy le plus fort
Du monde.

FINET.

Il a bien raison.

LA FEMME.

Femmes sçavent une oraison
Pour endormir les maris.

Surviennent les deux neveux dans l'intention de prévenir le mari de la conduite de sa femme. Finet, qui les reçoit et qui devine ce qu'ils viennent faire, prévient la femme, qui prend les devants auprès de son mari ; de sorte qu'aux premiers mots que les neveux disent contre elle, il leur ferme la bouche en leur déclarant que cela ne regarde que lui et qu'il juge à propos de la laisser faire ce qu'elle voudra. Elle ira, dit-il,

> Elle ira derrière, delà,
> Tout partout, à mont et à val,
> Son aller ne m'est pas travail.
> Allez, et ne m'en parlez plus.

LE PREMIER NEPVEU

> Elle ira doncques ?..

LE MARI.

> Il est conclus :
> Il ne s'en fault plus eschauffer.
> Je donne à l'Ennemy d'Enfer
> Le premier qui en parlera.

La morale de la pièce est qu'on ne doit pas se mêler de ces sortes d'affaires de ménage. Morale très-sage et qui indique une certaine connaissance du cœur humain. Ici, il est vrai, le mari a confiance en sa femme ; mais il en serait autrement que les avertisseurs indiscrets n'auraient pas un meilleur accueil, soit que le mari fermât les yeux, soit que, par habileté, il voulut défendre sa femme quand même.

Nous aurons dans la suite plusieurs occasions de voir le pendant de ceci, c'est-à-dire la femme se mettant avec son mari, qui la bat, contre le naïf qui vient à son secours, notamment dans le *Médecin malgré lui*, de Molière.

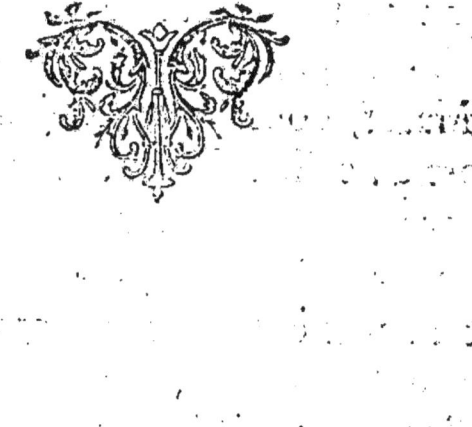

IX. — Clément Marot, la reine de Navarre et Rabelais.

A PEINE avons-nous nommé, en passant, Clément Marot et la reine de Navarre, sœur de François Ier : nous allons revenir ici, à part, comme ils le méritent, sur ces deux auteurs, bien que le théâtre soit la partie secondaire de leurs œuvres, en disant aussi un mot de Rabelais, quoiqu'il ne nous reste de lui qu'un scénario.

Né à Cahors, en 1495, du poète de cour Jean Marot, dont il fut la plus belle œuvre, et mort en exil, à Turin, en 1544, quelques semaines après la victoire de François Ier sur les impériaux à Cérisoles, qui lui inspira son chant du cygne, Clément Marot se fit remarquer de bonne heure à la cour, où son père l'avait amené, par la grâce de ses vers, et ne tarda pas à devenir le premier poète du temps. Il y a, dans le recueil de ses œuvres, nombre de pièces charmantes qu'on lit toujours avec plaisir et dont le badinage fin et élégant a inspiré quantité d'auteurs, qui en ont pris jusqu'aux expressions et à la mesure, sous le nom de *style marotique,* à commencer par La Fontaine, dans ses *Contes*. On cite surtout comme un modèle sa fameuse Epître à François Ier, où il a mis tant de verve et d'esprit, malgré la triste aventure qu'il raconte (son valet lui avait tout emporté, jusqu'à ses vêtements), et qui commence ainsi :

> On dit bien vrai : la mauvaise fortune
> Ne vient jamais, etc.

Lié jeune encore avec les *Enfants Sans-Souci,* dont il fit partie, et avec les *Clercs de la Basoche,* non-seulement il monta sur la scène avec la première troupe et soutint les deux de son crédit auprès du roi, dont il était devenu le valet de chambre, mais encore il se fit auteur dramatique, avec son *Dialogue des deux amoureux,* écrit pour la scène, sous le titre de *Farce*.

C'est une gracieuse composition rappelant

Théocrite et Tibulle, — d'assez loin malheureusement.

Deux amoureux, dont l'un est aimé, l'autre repoussé, se font mutuelle confidence de leurs amours, et l'heureux console le malheureux en lui donnant des conseils pour arriver à être aimé. Voici un passage charmant, qui donnera une idée de la manière de Clément Marot, et de ses vers, lesquels sont, à la fois, les plus poétiques, les plus faciles et les plus corrects de l'époque :

SECOND.
De quoy la cognais-tu ?
PREMIER.
D'enfance :
D'enfance tout premièrement,
La voyois ordinairement,
Car nous estions prochains voysins.
L'esté luy donnais des raisins,
Des pommes, des prunes, des poires,
Des pois verds, des cerises noires,
Du pain bénit, du pain d'épice,
Des échaudés, de la réclisse,
De bon sucre et de la dragée.
Et quand elle fut plus agée,
Je lui donnois de beaux bouquets,
Un tas de petits affiquets,

Qui n'estoient pas de grand'valeur ;
Quelque ceinture de couleur
Au temps que le Landit venoit.
Encore de moi rien ne prenoit
Que devant sa mère ou son père,
Disant que c'estoit vitupère
De prendre rien sans congé d'eux.
D'huy à un bon an ou deux.
Luy donneroy et corps et biens,
Pour les mesler avec les siens
Et à son gré en disposer.

SECOND.

Tu l'aymes donc pour l'espouser ?

PREMIER.

Oui, car je sçay seurement
Que ceux qui aiment autrement
Sont volontiers tous marmiteux :
L'un est fâché, l'autre est piteux,
L'un brûle et ard, l'autre est transi.
Qu'ay-je que faire d'estre ainsi ?
Ainsi, comme j'ayme ma mye,
Cinq, six, sept heures et demie
L'entretiendray, voire dix ans,
Sans avoir peur des mesdisans
Et sans rougir de ma personne.

Passons à la reine de Navarre.

Marguerite d'Angoulême, sœur de François Ier, née le 11 avril 1492, à Cognac, mariée en premières noces au duc d'Alençon, blessé à mort à Pavie, et, en secondes, à Henri d'Albret, roi de Navarre, aïeule maternelle d'Henri IV, morte au château d'Audos, près Tarbes, le 21 décembre 1549, et qui fit des études particulières pour le temps, est surtout connue par son recueil de nouvelles, intitulé l'*Heptaméron*, dont nous avons donné une édition, revue sur les manuscrits, dans la « collection Jannet-Picard » ; mais elle a laissé diverses autres compositions, en vers, notamment diverses pièces de théâtre.

Nous allons passer ces pièces en revue.

Ce sont d'abord quatre *comédies* religieuses que nous avons indiquées dans notre liste des mystères de la deuxième époque : *Comédie de la Nativité de J.-C.* ; *Comédie de l'Adoration des trois Rois* ; *Comédie des Innocents* ; *Comédie du Désert*. Ces *comédies*, qui remplacent la naïveté des mystères par un mysticisme prononcé, n'en ont pas pour cela, plus de valeur ; au contraire, et nous doutons fort qu'elles aient réussi à la scène, si elles y ont été mises, à moins que ce ne fût auprès des partisans de la Réforme, dont elles avaient la nouveauté vague et obscure.

Vient ensuite une moralité intitulée : *Les quatre dames et les quatre gentilshommes*. C'est une suite de complaintes amoureuses où l'on remarque nombre de choses bien senties et bien exprimées, mais dont l'ensemble n'a qu'une médiocre valeur.

Puis, c'est la comédie qui porte pour titre : *Deux filles, deux mariées, la vieille, le vieillard et les quatre hommes*. Des deux filles, l'une ne veut jamais aimer, l'autre a un amant, et chacune d'elles vante son sort. Surviennent deux femmes : la première déteste son mari, mais repousse le *tentateur* qui la poursuit ; la seconde aime son mari, qui lui est infidèle. Pour juger ces quatre opinions, arrive une vieille de cent ans, qui a été folle vingt ans, mariée vingt ans, et qui est veuve depuis soixante ans.

Voici le résultat de son expérience. Elle conseille à l'épouse qui n'aime pas son mari, de changer ce *veau* en un *très-plaisant oiseau*. A celle que son époux abandonne, elle dit : Faites comme lui :

S'il est amant, soyez amante ;
Quand il n'aimera que vous,
N'aymez aussi que vostre époux.

A la jeune fille qui ne veut point d'amant, elle déclare que *le temps y pourvoira*. Quant à l'autre, qui en a un, elle lui prédit de grandes peines et *tourments d'amour*.

Naturellement, aucune des quatre femmes n'est satisfaite du jugement de la vieille, qui *aura menti,* prétendent-elles. Pour dénouer la pièce, tant bien que mal, quatre hommes et un vieillard viennent alors les inviter toutes à la danse ; ce qui la fait se terminer gaîment en ballet.

On le voit, il n'y a aucune action dans cette petite pièce ; mais les détails du dialogue ne manquent pas d'une certaine grâce naïve, et c'est, à coup sûr, le chef-d'œuvre dramatique de la reine de Navarre.

Enfin, il y a la *Farce de Trop, Prou, Peu, Moins,* pièce allégorique et tellement énigmatique qu'il est assez difficile d'y comprendre quelque chose.

En somme, le théâtre de la reine de Navarre n'ajoute rien à sa renommée littéraire.

Arrivons enfin à François Rabelais, qui est le plus populaire des trois.

Né à Chinon, dans la Touraine, vers 1483, et mort curé de Meudon, vers 1553, il se fit moine, puis alla étudier la médecine à Montpellier, et sa vie fut, à partir de cette époque, partagée entre les lettres et l'art médical, qu'il exerça surtout à Lyon, comme médecin en chef de l'hôpital en 1532. On connaît son œuvre capitale, ce prodigieux roman de *Gargantua* et *Pantagruel*, où il se révèle, à la fois, comme le plus grand écrivain du temps en portant la vieille et si expressive langue gauloise à son apogée, et comme le génie encyclopédique du XVIe siècle. On ne doit pas être étonné si un pareil homme aborda le théâtre, et comme auteur et comme acteur. C'est, en effet, ce qu'il résulte du passage suivant du chapitre XXIV du « tiers livre », de son œuvre :

« Je ne vous avois oncques vu, dit Panurge, puis que que jouastes à Montpellier avecques nos antiques amis, Antoine Sporta, Guy Bourguier, Balthasar Noyer, Dolet, Jean Quentin, François Robinet, Jean Perdiser et François Rabelais, la morale *Comédie de cellui qui avoit épousé une femme mute.*

... Le bon mary vouloit qu'elle parlast : elle parla par l'art du médicin et du chirûrgien, qui lui coupèrent un encyliglotte qu'elle avoit soubs la langue. La parole recoûverte, elle parla tant, et tant, que son mari retourna au médicin pour remède de la faire taire. Le médicin respondit en son art bien avoir remèdes propres pour faire parler les femmes, n'en avoir pour les faire taire ; remède unique estre surdité du mari contre cestui interminable parlement de femme. Le paillard devint sourd par ne sçai quels charmes qu'il feirent. Puis, le médecin demandant son salaire, le mari respondit qu'il étoit vraiment sourd et qu'il n'entendoit sa demande. Je ne ris oncques tant que je feis à ce patelinage. »

On objectera peut-être que rien, dans ce passage, n'indique que Rabelais soit l'auteur de la comédie en question ; mais la moindre étude de ses œuvres convaincra que le scénario est tout à fait dans la manière de Rabelais et que c'est évidemment lui qui l'a écrite. Il est même probable que cette pièce (1) n'est pas la seule qui soit sortie de sa plume inimitable, et nous devons d'autant plus regretter que son théâtre ne soit pas parvenu jusqu'à nous. Tel qu'il est, ce scénario, seul vestige qui nous reste de ses compositions scéniques, suffit pour faire de Rabelais le digne intermédiaire entre Villon et Molière, qui ne crut pas indigne de lui de refaire la comédie de la femme muette dans celle du *Médecin malgré lui*.

(1) On ne sait si elle était en vers ou en prose ; mais ce qu'il y a de certain, c'est que le dénoûment en était inspiré par celui de *Maistre Pathelin*.

X. — *Acteurs célèbres.*

DÉJA cependant, avec la diffusion et le succès grandissant du théâtre, s'étaient produits divers acteurs célèbres pour leurs temps.

Nous allons, si on le veut bien, dire quelques mots des principaux, comme nous l'avons déjà fait dans la première époque, et comme nous aurons occasion de le faire de plus en plus, dans la suite, en arrivant à des célébrités de tous les temps.

C'est d'abord Jean du Pont-Alais, qui faisait partie des *Enfants Sans-Souci,* établis sous les paliers des Halles. Son nom est probablement un pseudonyme qui lui vient de ce que le théâtre où il jouait et auquel il donna de la réputation était voisin d'un pont dit le pont Alais, établi sur un égoût, à la pointe Saint-Eustache. Quoi qu'il en soit, il monta sur la scène de bonne heure et ne tarda pas à se faire grande réputation. Il devint, par la suite, entrepreneur de spectacles, et donna, en 1530, une représentation à l'entrée de la reine Eléonore. On lui attribue même plusieurs pièces. En un mot, il paraît avoir succédé à Gringore, sous lequel il avait commencé sa carrière théâtrale.

On a conservé de lui plusieurs bons mots. Nous en citerons quelques-uns qui donneront une idée de son genre d'esprit.

Il était bossu. Un jour qu'il se trouvait en présence d'un cardinal qui avait la même infirmité, il mit sa bosse contre celle de l'éminence en lui disant : « Monseigneur, voici qui démontre que deux montagnes peuvent se rencontrer en dépit du proverbe. »

Un autre jour, un dimanche, à son théâtre, il eut l'idée de faire annoncer, au son du tambour, une pièce nouvelle, pendant que le curé de Saint-Eustache était en chaire. Doublement furieux d'être ainsi interrompu par le bruit et de voir ses auditeurs le quitter pour courir à cette pièce, notre curé vint lui-même à Pont-Alais et lui cria : « Qui vous a fait si hardi de « tabouriner » pendant que je prêche ? — Et qui vous a fait si hardi de prêcher pendant que je tabourine ? » répliqua Pont-Alais. Le curé ne jugea pas à propos de continuer la conversation ; mais nous devons ajouter que l'audacieux acteur paya sa réponse de six mois de prison.

On raconte aussi une assez bonne mystification qu'il fit à son barbier.

Celui-ci, étant plein de suffisance, prétendait un jour qu'il jouerait sur la scène aussi bien que quiconque.

Pont-Alais l'en assura sérieusement, lui donna un petit rôle, celui d'un roi qui n'avait que quelques paroles à débiter, et, à la représentation, il se mit gravement à dire en montrant le barbier :

> Je suis des moindres le mineur,
> Et n'ay pas vaillant un teston ;
> Mais le roy d'Inde la majeur
> Ma souvent rasé le menton.

Jean de Serres, qui mourut sous François Ier, eut aussi une grande réputation, comme acteur. Il était inimitable dans la farce, si l'on s'en rapporte à Clément Marot, qui lui composa l'épitaphe suivante :

>Cy-dessous gist et loge en terre,
>Le très-gentil fallot La Serre,
>Que tout plaisant alloit suivant,
>Et grand joueur en son vivant;

Le comte de Salles (pseudonyme, il paraît) fut encore un autre acteur renommé, dans le même règne. Il mourut de l'épidémie et fut enterré, dit-on, dans l'église Saint-Laurent. Clément Marot a composé aussi son épitaphe, où il dit de lui :

>Je suys celui, comme tu dois sçavoir,
>Comte de Salles assez plaisant à veoir,
>Qui, par mes gestes, brocards et tragédie,
>Mainte assemblée ay souvent resjouie.

Si l'en en croit les contemporains, il aurait, chose assez rare, réussi en même temps dans la farce et dans les sujets sérieux. Quoi qu'il en soit, il faisait partie des *Clercs de la Basoche*, témoin cette complainte de dame Basoche, sur le trépas du dit comte, où sont nommés deux autres basochiens, Baronat et Guillaut :

>... S'esbahit-on si mon cueur triste rendz,
>Quand voy mon comte au cloistre Saint-Laurent

Ainsi de peste soubdainement mourir ?
Hé ! mes suppots, gettez-vous sur les rancs,
Pour, avec moi, estre rémémorans
La perte grande qu'il nous convient souffrir.
Jadis le veistes à tous vos faicts souffir
Et en vos jeux faire florir son nom...
Chacun de vous à louer vistes se mette,
Le passe-temps, la joye et le confort
Qu'en son vivant, par sa façon et geste,
A ung chascun plaire faisait effort.

Il y eut enfin, comme réputation de théâtre, à l'époque où nous en sommes, un nommé Jacques Mernable. Il n'est, d'ailleurs, connu que par son épitaphe, due à Ronsard. Voici cette épitaphe, qui n'indique pas précisément que sa célébrité l'eût rendu riche, ni que les acteurs d'alors eussent des cinquante à cent mille francs par an, comme tels chanteurs de maintenant :

> Tandis que tu vivais, Mernable,
> Tu n'avais ni maison ni table,
> Et jamais, pauvre, tu n'as veu,
> En ta maison le pot au feu.
> Ores, la mort t'es profitable,
> Car tu n'as plus besoin de table
> Ni de pots, et si désormais
> Tu as ta maison pour jamais.

XI. — Représentation des sauvages.

IL paraît que, quelque égrillardes et salées que fussent les pièces du temps, elles ne satisfaisaient pas encore complétement les goûts de Catherine de Médicis, le résumé de tous les vices et de tous les crimes. C'est, du moins, en son intention qu'eut lieu à Rouen, en 1549, la singulière représentation que nous allons décrire, d'après M. Alphonse Royer.

La municipalité de Rouen possédait cinquante peaux-rouges d'Amérique qui lui avaient été amenés par des navigateurs pour « amuser » les habitants. Elle fit habiller ou plutôt déshabiller deux cent cinquante matelots comme ces indiens, et les deux troupes réunies donnèrent une représentation de *sauvagerie*. La chose eut lieu dans une prairie de deux cents pas de long et de trente-cinq de large, plantée d'arbres, située entre les murs de la ville et la Seine. On avait peint le tronc de ces arbres et déguisé leur feuillage « avec des floquarts de buis et de fresne, » pour imiter les bois brésiliens. De plus, des singes sautaient de branche en branche. Quant aux peaux-rouges, vrais ou faux, ils avaient le visage enluminé de vermillon, les lèvres et les oreilles « entrelardées de pierres longuettes de l'étendue d'un doigt, de couleur d'émail blanc et verd d'émeraude. » Les uns s'exerçaient à tirer de l'arc ; les autres couraient après des singes, ou se balançaient dans des hamacs, ou coupaient du bois et formaient des radeaux, ou enfin simulaient un marché. La fête se termina par un combat réglé avec accompagnement de l'incendie d'un village bâti tout exprès ; le tout entremêlé de danses du pays, au son de la *janubia*, trompe de guerre formée de la cuirasse du tatou, de l'instrument sacré appelé *maraca* et d'espèces de flûtes fabriquées par les sauvages avec les tibias de leurs ennemis et nommées cangoeras. Enfin, la sauvagerie, tout à fait réussie, fit complétement illusion, grâce aux *costumes* des acteurs, qui étaient *in naturalibus*, et enchanta les dames, surtout la reine.

Puisque nous en sommes à ce genre de spectacles, notons, en passant, celui, plus singulier encore, qui eut lieu à la cour vers la même époque. Nous voudrions pouvoir citer le passage de Brantôme, qui rapporte le fait, avec détail, dans les *Vies des dames galantes*; mais nous renonçons à retrouver le passage dans l'étrange fouillis des racontars du moral abbé. Nous dirons donc tout simplement, et ce sera assez, qu'une « grande et honneste dame, » qu'il ne nomme pas, ayant composé une pièce pour la circonstance, cette pièce fut jouée par cette « honneste dame » et d'autres, avec l'aide de seigneurs, les uns et les autres vêtus comme l'étaient Adam et Eve dans le paradis terrestre. La Bible prétend que ceux-ci n'avaient point conscience de leur état avant l'histoire de la pomme : nous ne déciderons pas si nos acteurs purent ou non rester dans cette heureuse innocence.

Nous ajouterons seulement, ce dont le lecteur fera une indication, s'il lui plaît, que le jeu eut lieu « portes closes ».

FIN DE LA DEUXIÈME ÉPOQUE.

Librairie Léon WILLEM

2, RUE DES POITEVINS, PARIS

EN VENTE :

MOLIÈRE
EN PROVINCE

ÉTUDE SUR SA TROUPE AMBULANTE

Suivie de

MOLIÈRE EN VOYAGE

Par BENJAMIN PIFTEAU

Un vol. petit in-8, impression supérieure en caractères elzéviriens, avec fleurons, culs-de-lampe et lettres ornées, de l'imprimerie Alcan-Lévy,

Illustré d'un magnifique portrait d'après MIGNARD, et de quatre Eaux-Fortes gravées par LEGENISEL, d'après les dessins inédits de MÈS.

Édition de Bibliophiles à 503 exemplaires tous numérotés :

450 Papier de Hollande, gravures noires	. . . .	6 fr.
50 — Whatman, gravures noires et bistres.		12 fr.
3 Peau de brebis, gravures doubles sur peau	. .	70 fr.

DOLE. — IMP. BLIND, SUCC^r DE BLUZET-GUINIER.

www.ingramcontent.com/pod-product-compliance
Lightning Source LLC
Chambersburg PA
CBHW052255220526
45471CB00001B/343